3つの知床岬とサハリン

大谷和男
Kazuo Otani

風詠社

◀北知床岬（海上より）

北知床岬▶（熊を見た辺りより先端を望む）

▲北知床岬（先端より基部方面を望む）

▲北知床岬の羆

▲ノテト岬から約 70Km 南の海岸

▲チェレニー島

▲中知床岬アニワ灯台

▲オロロン鳥

▲北知床岬先端（高山植物）

◀中知床岬先端

▲白岩クラゲ海岸

▲西能登呂岬先端と宗谷岬

▲白主土城と思われる地形

▲白主よりノシャップ方面を望む

▲知床岬灯台（1985 年 8 月）

▲知床岬（1989 年 5 月）

▲サハリン北部の広大な原野と山

▲能取岬（2019 年 1 月）

▲サハリン北部よりマリー岬方面を望む

▲知床岬アブラコ湾の前にテントを吊る
（1985 年 8 月）

▲知床岬看板（1985 年 8 月）

はじめに

知床との出会い、そして千島列島へ

学生時代、私は北海道一人旅にはまり、中でも特に知床に魅せられ何度も通った。その頃は何度も羅臼岳に登ったり、カムイワッカの湯に浸かりに行ったり周辺を歩き回っていた。また冬はクロスカントリースキー用の板を履いて知床五湖や周辺を歩き回り、学生時代の最後は、流氷に沈む夕日を眺め感傷に浸ったりしていた。

社会人になってからも知床通いは続いたが、地形図を眺めては岬の先端や人の入ってない地域に憧れた。奥に入るためには本格的な山屋になるしかなく、気が付くと旅人から山屋になっていた。

そして知床岬の先端には二度立った。羅臼側の海岸を歩いて知床岬の先端に達したのが初めてで、二度目は5月の残雪期に知床岳から岬の先端まで稜線を縦走した。また夏は地獄のハイマツの中を一般縦走路の東岳から知床岳まで縦走を敢行した。若いときにしかできないような厳しい山行を繰り返し知床を知り尽くしたつもりになっていた。そして目標は千島列島へと移り、国後島、択捉島、アライド島、カムチャツカ半島への遠征と進んでいった。この辺りの話は拙著『千島列島の山を目指して』を参照して頂きたい。

サハリンと向き合って

〈サハリン北部からスタート〉

月日は流れ、私は膝の軟骨がすり減って厳しい山行ができなくなった50歳代になり、再度サハリンに目を向けた。国後島、択捉島に遠征したときにサハリンを基点としたので、そのときにサハリンを訪れたことはあったが、サハリン自体を目標に目指したことはなかった。サハリンに目を向け直した当初は、サハリン最高峰のロパチナ山を考えたが、羆対策が必要でそれが十分にできないとの理由から計画は潰れてしまった。そんなことから山に拘らなくてもよいと思い始め、まず北緯50度線を越えてみたいと思い、サハリン北部へ入る計画からスタートした。

〈サハリン南部での発見〉

２０１４年のサハリン北部ではやはり間宮林蔵に思いを馳せたが、サハリン最北端まで陸路で行くことの困難さを痛感させられ、改めてサハリンの大きさを感じた。２０１６年には最南端の西能登呂岬（クリリオン岬）、白主へ行き、日本人の探検家の足跡を確かめた。この頃、サハリン南部の地図を見ていて知床岬がサハリンに２つあることが気になった。なぜ今まで気にしなかったのだろうか。とにかく北海道の知床岬との関係が気になり、ついに２０１７年にサハリン・北知床岬に行った。実は北知床岬に行く前に、知っているつもりでいた日本の知床岬の沖に船で初めて行き洋上から知床岬を眺め、北海道の知床岬を改めて見た。そしてサハリンの北知床岬に行き、北海道の知床岬とシンノシレトコミサキと呼ばれるサハリンの北知床岬を比較検討した。勿論、シレトコとはアイヌ語なのでアイヌ語の意味、アイヌ民族の考え方等を検証せざるを得ず、北知床岬遠征の前からその部分にも時間を費やして調べた。北海道の知床岬沖に船で訪れたときは、斜里町の知床博物館や図書館等も訪ね文献調査を行った。

〈シレトコの意味するものは？　アイヌ人、縄文人の考え〉

アイヌ民族の祖先は縄文人であり、アイヌ語は縄文語を引き継いでいるということから「アイヌ民族の考え方＝縄文人の考え方」という仮定をして、私は「縄文人はシレトコをどのように考えていたか」というところまで考えるようになった。

ところで今でもそうだと思うが、知床斜里からバスでウトロへ入るとき「知床＝地の果て」という意味の案内が流れ、確かに羅臼岳の登山口の岩尾別温泉には「ホテル地の涯」という立派なホテルが存在する。

しかしよく調べると「地の果て」とは旅情を掻き立てるための意訳らしい。アイヌ語を正確に訳すと「シリ＝陸、大地」で「エトク＝突端」で「シリ・エトク＝陸地の突端、陸地の先っぽ、地の突起物」(1)(2)といったものになるらしい。

また山田秀三の『北海道の地名』には、「現在の啓吉湾周辺の地名、知床は国の果てではなく、モシリ・パ（国の頭）とも呼ばれていた」と補足説明があるらしい。そうなると終焉の地ではなくむしろ「大地の入り口」という逆の意味になるという。また羅臼のある目梨郡の目梨には「東方、東風、大地の入り口（或いは聖地）」といった意味があり、オホーツク文化の地にトビニタイ文化が入った大地の入り口という解釈もあるという。知床半島の東側の目梨（メナシュ＝岬の東）にそのような意味があるとすると、知床半島の中でも東側が特に聖なる地なのかもしれない。

また北知床とはアイヌ語で「シンノシレトコ＝本当の地の果て」[3]と解説しているネット情報もあるが、地の果てが意訳だとすれば「本当の陸地の先っぽ」という意味で、東側に向いていることからしても「本当の大地の入り口」といった意味になるということではないかと思われる。

また東側という観点で見ると、北海道の知床岬は網走の能取岬の東側に位置し、サハリンの中知床岬は２０１６年に行ったクリリオン岬（西能登呂岬）のアニワ湾を挟んだ東側の岬で、北知床岬はサハリン中部で東側に大きく突き出た岬であることから、いずれも東側という共通点が浮かび上がってくる。この東側というのが、アイヌ或いは縄文人にとっては「入り口」或いは「別の意味」があるのでは、ということである。

実は「別の意味」について考え続けたわけだが、北知床岬、中知床岬を訪れて考えた末にたどり着いた現時点での結論は、羅臼のある目梨郡の目梨には「東方、東風、大地の入り口（或いは聖地）」という意味があると言われている中の「聖地」ではないかと考えている。

北知床岬は、樺太アイヌはサハリン島の南部にしか住んでなかったはずなので、ここが北限の聖地という意味になり、中知床岬は人を寄せ付けない聖地である。

本書では、その結論にたどり着くに至るサハリンや北海道での旅の中で見たことや考えたことを中心に述べたい。

〈参考情報〉

（1）萱野茂の『萱野茂のアイヌ語辞典』には「シリエド（sir・etu）＝陸地の先っぽ。シリ＝陸地、エド＝鼻、先」とある

（2）山田秀三の『北海道の地名』には「シリ・エトコ（shir・etok）＝地の突出部」とある

（3）北海道アイヌ語地名サイト「カムイミンタラ」より

３つの知床岬とサハリン　＊　目次

装幀　２ＤＡＹ

1. 知床岬

1. プロローグ

２０１７年1月末に格安切符で北海道に行く機会を得た。そこで流氷でも見ようと冬の知床へ久しぶりに行ってみることにしたのだが、このような機会に、いつもサハリンの旅をお願いしている札幌のりんゆう観光のウルツィさんに会ってみようと思った。この列車の旅はＪＲ北海道の運行システムの不具合とのことで、北海道に入っていきなり電車が止まり散々なものになってしまい、また何とか知床までは行ったが中国人ばかりで知床斜里駅やバスの中等「ここは中国か」と思わされるほどだった。おまけに最近の傾向だが、流氷もまだ接岸してない状況で見られなかった。

このような状況だったが、帰りに札幌に寄りウルツィさんには無事会うことができた。ウルツィさん（正式にはガルサンジャムツ・ウルツィメネフさん）はモンゴル出身だがロシア語が堪能で（ほとんど母語らしい）、日本語も日本人のように話すとても優秀な人である。モンゴル語、ロシア語、日本語が普通に使える人ということだが、中国語はできないとのことだった。北大が縁で来日して20年。息子さんも北大大学院に在学中とのこと。

そのウルツィさんに、私の希望（①中部千島：ウシシル島、②北千島：シュムシュ島、③サハリン：北知床岬、④サハリン：モネロン島）を初めて会って言葉で伝え調査してもらうことにした。

旅も終わり、しばらくしてからウルツィさんから連絡が入った。やはり予想通りで、中部千島は交通手段の確保が難しく現地の旅行会社もやらない。北千島はここも今は交通手段が難しく、中部千島ほど

３つの知床岬とノトロ岬の位置
シュミット半島
モスカリボ
オハ
サハリン
ヴィアーフト
ノグリキ
アレクサンドロフスク
ティモフスク
沿海州
タタール海峡（間宮海峡）
オホーツク海
パベージノ（古屯）
ボロナイスク（敷香）
ウグレゴルスク（恵須取）
鉄道フェリー
北知床岬
ノテト岬
海豹島（チェレニー島）
イリインスク（久春内）
アルセンチェフカ（真縫）
トマリ（泊居）
チェーホフ（野田）
ドリンスク（落合）
ホルムスク（真岡）
ユジノサハリンスク（豊原）
オホーツクコエ（富内）
トゥナイチャ湖
ネベリスク（本斗）
コルサコフ（大泊）
シャフタ（内幌炭山）
中知床岬
クリリオン岬
宗谷海峡
西能登呂岬
稚内
日本海
能取岬
知床岬
択捉島
国後島
網走
北海道
小樽
札幌
根室

ではないが困難。サハリンならば可能との回答だったので、北知床岬へ行くことを決めた。

北知床岬に決めてから考えた。北海道に1つとサハリンに2つある合計3つの知床岬の意味するものとは一体何か？　そう思うととても興味が湧いた。

知床は青春時代にのめり込んだ地である。自分にとっては聖地と言ってもよく、山の世界に入るきっかけとなった地である。知床連山には何度も足を踏み入れ、尾根伝いに或いは海岸伝いに岬の先端まで行った。

2．再度、北海道の知床岬へ

そこで、はたと思った。私は北海道の知床岬には二度到達しているが、実は海上から眺めたことは一度もない。8月にサハリンに行く前に、北海道の知床岬を海から見てみたくなった。

〈北海道・知床岬〉

◆2017・7・1（土）　晴れ

ウトロ（10：00）－知床岬沖－ウトロ（13：00）…クルーザー観光船ドルフィン

私は二度知床岬の先端に達したと書いたが、1985年8月に羅臼側の海岸を歩いて岬の先端に達したのが初めてで、１９８９年５月に残雪をかき分け知床岳から稜線伝いに知床岬の先端に達したのが二度目である。また岬の先端ではないが、一般登山道（羅臼岳～硫黄山）から知床岳までのハイマツ地獄を味わった。それ以外にも知床では積雪期に強風など何度かひどい目に遭っている。詳しくは拙著『千島列島の山を目指して』をご覧ください。そんなことを思い出しながら初めてウトロから船に乗った。

天気予報を見ていたら、この日は午前中がベスト。やや霞んでいるが、知床連山も見えるまずまずの天気。風もない。また船は色々あるが、小型船の方が陸地に近づけることからクルーザー観光船を選択した。この日は定員50人中40人程度の乗船で思ったより人は多かったが、陸地がよく見える右側に席を取ることができた。

上：乙女の涙　下：男の涙

知床に初めて来たのは20歳のとき。それから37年という歳月が経った今、初めて観光船に乗った。船を降りた後にお会いした知床自然センターの山本さんにその話をしたら、驚いていた。おそらく自分の中では、二度岬の先端に到達したということで終わっていた。それが今回サハリンの北知床岬に行くことを決めてから目覚めた。知床を知っているようで知っていないこと。特にアイヌの視点からの部分では不十分だったと思った。そのような視点で船から知床西海岸をつぶさに見た。3時間という時間はあっという間に過ぎたが、長年気付かなかった世界が見えた。

何度も行った「乙女の涙」、「男の涙」は海から見るとこうなんだという感動があった。「カムイワッカ」は見たことのある写真の通りだった。「カシュニの滝」というのは聞いたことがあったが、良い滝だった。山の見え方も新鮮だった。硫黄山を越えて東岳が見えると、一気にルシャ乗越に落ち込んでい

上：カムイワッカ　中：カシュニの滝　下：ルシャ乗越

く。そして山脈が切れる知床半島最低部分のルシャでは羆を見ることができた。思えばここは、夏に知床岳を目指して縦走したとき、沢の中に迷い込みとても苦労をしたところだった。海から見るとただ標高の低いところだが、実際に中に入ると恐ろしいところだ。沢の中で迷いまくっていたのは遠い昔の話だが、今でも鮮明に思い出せる。この辺りは羆が必ずと言ってよいほど見られるところらしいが、縦走しているときは羆の恐怖を考える余裕もないほど大変だったことを思い出した。羆は大きなのが1頭、親子が2頭でじっくりと観察することができた。

上：知床岬　中：知床岬先端部　下：知床連山

知床岳を見ながら昔の苦労と栄光を思い出していると、遠くに知床岬先端の灯台が見えてきた。目の前には立派な文吉湾が見えた。ここは緊急避難用に作られた港ということだが、初めて見た。アイヌのチャシ、遺跡も確認されているところだ。そして知床岬先端沖に到着。国後島も見えた。船のガイドは「岬の先端部の緑のジュウタンにゴルフ場を作った」というジョークを言っていたが、多くの人が一瞬信じてしまったようだった。それだけ印象的な草原が広がるのが知床岬の先端部で、灯台も目立つ。昔、海岸や稜線から岬の先端に到達したときも、開放感のある平原、灯台が印象的だったが、それは海上から見ても変わらない。先端部には、川はないが真水が湧いている。先人も住んでいたであろう。ここはアイヌにすれば大地の終焉ではなく、入り口というところらしい。

ウトロ港への帰りは、山を眺めながら沖合を通って戻った。青春時代も思い出せたし、新鮮な体験ができた有効な3時間だった。

〈参考：1985年8月の知床岬到達記録〉

知床岬には二度到達しているが、たまたま見ていたNHKのトレッキング番組で羅臼側の海岸を岬の先端まで歩くコースが紹介されていて、自分が青春時代に歩いたことを思い出した。テレビを見ていると大変なコースという感じを受けたが、自分の記憶では潮が引いているときに通らなければならないところが特に難所で、その先はロープが固定されていた垂直に近い念仏岩越え、赤岩等のその他の岩場越え、人食い事件があったため番屋もない花が咲き乱れる綺麗なペキンの鼻等を越えて行く辺りが印象的で、今でも記憶に残っている。

私は今まで参考記録は残してきたが、羅臼側の海岸を歩いて初めて到達したときの記録が埋もれていることに気付いた。この頃は社会人になったばっかりで、山屋として駆け出しの頃だったため詳細な記録は残してなかったが、簡単なメモ書きのような記録が出てきたので、ここで紹介したい。日航機の御巣鷹の尾根墜落事故直後の頃の話である。

1985・8・14（晴れ）

◆羅臼YH（8：20）―相泊―化石浜（17：00）…全て徒歩

羅臼側の知床岬先端近く

知床連山を縦走しようとしたが、台風のような強風に見舞われ下山。日航機の墜落事故ニュースには驚いたが、羅臼に向かい羅臼ユースで斉藤氏と合流し、この日を迎えた。

知床岬を目指して羅臼から徒歩で出発。化石浜に何とか17時頃たどり着いたが、テントのポールを途中で落としてしまったことに気付いた。仕方がないので潰れかけた骨だけの番屋で、紐で吊ったテントで何とか過ごした。風強く波高く、海岸の丸い石が波でガラガラ音を立てて流される音が不気味で眠れなかった。観音岩と化石浜の間で干潮時を逃してしまったため海に入る場所があったが、草鞋が役に立った。

8・15（曇り後晴れ）

◆化石浜（4：40）―知床岬先端（12：45）

朝、出発してすぐに近くの番屋の人と遭遇したが、とても驚かれた。「羆が出たと思った」と言われた。この番屋のおばさんの話では「数日前に子熊を撃たれた親熊が荒れ狂っていて化石浜によく出てくるので、数日前までは大きな建物に皆避難していた」とのこと。我々は何も知らずに化石浜で寝ていた。何も知らないということは恐ろしい。

上：アブラコ湾　下：知床岬先端

朝は曇っていたが、半島がやや折れ曲がっているペキンの鼻を過ぎる頃から晴れてきた。ペキンの鼻は武田泰淳の『ひかりごけ』という小説にも描かれた人食い事件の地で、地元の人も気持ち悪がって番屋が一軒もないが花が咲き乱れる綺麗なところだった。

ロープが固定されていた垂直に近い念仏岩を越えると（念仏を唱えながら越えるので念仏岩と呼ばれているらしい）、近くの番屋の人に声をかけられ何とウニを食べさせ

知床岬先端（1989年5月）

下：知床岬先端

てもらった。こんな何も手を加えない直接的な食べ方は初めてだった。難所として赤岩等のその他の岩場越えがあり、羆が出てきそうな夫婦滝を眺め歩き続けると、ついに暗いイメージの羅臼側の海岸から開放的な平原に出た。

知床岬の先端には、約8時間歩き続けて昼過ぎに到着。岬の先端は、途中の難所の苦しかったことを忘れさせるほど綺麗なところだった。岬の先端では、北大のヒグマ研の隣にポールのないテントを工夫して吊るようにして張った。ヒグマ研の人たちは、灯台から羆の観察をしているとのことだった。アブラコ湾近くには真水も湧いていて快適で、しかもヒグマ研も隣にいるのでとても心強かった。夕日がとても綺麗だった。

8・16（晴れ）

◆知床岬先端（7：00）—赤岩—羅臼YH（18：00）

赤岩まで戻り、船（当時、交通船と呼ばれているものがあった）に乗るため昼を挟んで何時間もただ海を眺めて過ごした。羅臼ＹＨには夕方18時過ぎに戻った。

この当時の自分は、記録を見るとこの後また羅臼側から羅臼岳に登り硫黄山を目指そうとしているが、悪天のためウトロ側に下山している。しかし「青春の大目標だった知床岬の先端に到達できて大感激である」と結んでいる。

3．考察「知床とは」

〈知床の意味〉

念願の「知床岬を海上から見る」が終わり、資料を集めてみることにした。知床岬を船で眺めた翌日、知床博物館、斜里町立図書館を訪れ、文献４冊と必要部分のコピーを入手した。

知床は「地の果てではなく入り口である」という説を述べてきたが、１９５５年の知里真志保の「斜里郡内アイヌ語地名解」を見ると、「シレトㇰ：シル（大地）、エトㇰ（行きづまり）。モシリパ（島頭）の義」とある。前者は従来から言われている「地の果て」といった意味になるが、知里真志保はあえて「モシリパ（島頭）」を書き加えている。また前文では「アイヌ語の地名を今のアイヌの老人の心で解釈するのではなく彼らの先祖である古代の人々の心に立ち入って解釈しようとする全く新しい方法論に立った」と述べていることからすると、「モシリパ（島頭）」に独自の解釈を込めたような気がする。

知里真志保は、例えば「カムイヌプリ」を古代のアイヌは「神の山」ではなく「魔の山」として、神はたたるものであるという解釈をしていたと述べている。知床のカムイワッカは、飲めるような水が流れてないことからしても「魔の瀬」の解釈は正しい。知里真志保は、古代のアイヌは「島頭」という意味としてとらえていたと言いたいのではないか。そうするとこの場合、知床先端部のシレトㇰの「島頭」とは「知床半島の頭」という意味になるのであろうか。アイヌ語言語学者の知里真志保の言っていることは、アイヌの祖先の意味するものとして無視できない気がした。

　時代を経て1991年の『日本地図地名事典』によると、知床：地名はアイヌ語「シリエトク」（大地の頭の突端）に由来するが、網走地方のアイヌは「シレカンライ」（国土の先）と呼び、多くの地名に冠せられるとあり、冒頭から述べてきたような解釈となっている。知里真志保の前半の解釈「大地の行きづまり」が「地の果て」として観光に使われるようになり、後半の「モシリパ（島頭）」という解釈の発展が現在のような「シリエトク」（大地の頭の突端）ということになったのであろうか。これに知里真志保が言う「元々アイヌの祖系の人々は海岸線に沿うて転々と部落を作り……」、「川は海から入って山へ行くものだ」を重ね合わせて考えると、やはり「知床は大地の頭の突端で入り口」となるのではないかと思う。

〈考古学的な視点〉

知里真志保は古代のアイヌの解釈に拘っているように見えるが、古代のアイヌとはどのような人たちなのだろうか。それは元をたどると縄文人に行き着くであろう。

知床博物館第9回特別展『消えた北方民族』によると、5世紀中頃〜9世紀末までの北海道オホーツク一帯はオホーツク人によるオホーツク文化（中国東北部、アムール川河口に栄えた古代文化：ニブヒ〈ギリヤーク?〉）が広がっていた。網走のモヨロ貝塚が有名である。

一方、縄文文化が本州東北地方の強い影響を受けて形成された文化が擦文文化で、アイヌの先祖に当たるが、道南地方に和人が住むようになると擦文人も北上し、オホーツク文化と接触を繰り返しとうとう融合して新しい文化が生み出された。この文化がトビニタイ文化と呼ばれる。

資料を見ると知床岬の先端にオホーツク文化遺跡は確認されているが、トビニタイ文化期遺跡は確認されてない。しかし、羅臼の目梨郡の目梨には「東方、東風、大地の入り口或いは聖地といった意味があり、オホーツク文化の地にトビニタイ文化が入った大地の入り口」という解釈もあり、これが本当であれば、知床岬先端には元々思想の異なるオホーツク人が入っていて、そこに縄文人を祖先とするトビニタイ文化人が入っていったということであろう。

そして知床博物館第13回特別展『近世の斜里』によると、1731年の『津軽一統志』、1846年の旅をまとめた松浦武四郎『再航蝦夷日誌』、1856年の旅をまとめた『竹四郎廻浦日記』の夫々に知床岬先端部に集落が記録されており、アイヌが住んでいる。

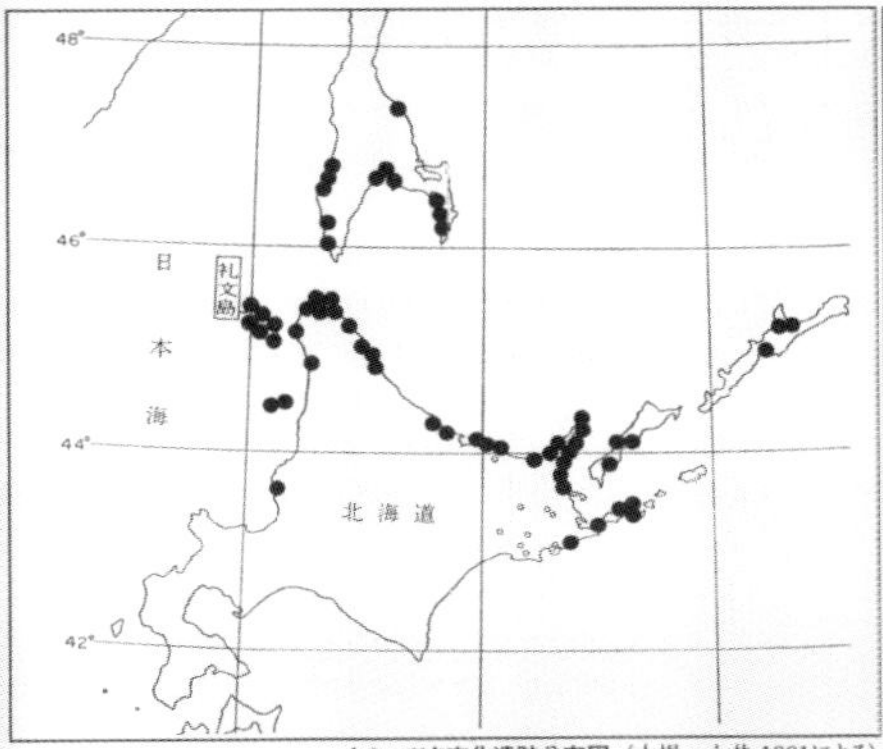

オホーツク文化遺跡分布図（大場・大井 1981による）

トビニタイ文化期遺跡分布図（藤本 1979による）

（斜里）　（樺太）　**（本州関連記事）**

続縄文文化

弥生時代
古墳時代

658　阿倍臣比羅夫、船師180隻を率て蝦夷（えみし）を討つ。
同年　阿倍臣、粛慎（みしはせ）を討つ。
659　阿倍臣、船師200隻を率い粛慎討ち、後方羊蹄（しりべし）に郡領を置く。
660　阿倍臣、船師200隻を率い粛慎討つ。渡島蝦夷服属。
698　靺鞨（まっかつ）人、震国（後の渤海国）を建てる。

オホーツク文化

710　平城遷都。
794　平安遷都。
1189　源頼朝。奥州藤原氏を滅ぼす。

擦文文化

1216　鎌倉幕府、強盗の類を蝦夷（えぞ）島に放逐。

トビニタイ文化

1356　「諏訪大明神画詞」に蝦夷ガ千島の渡党、日ノ本、唐子の３党を記載。

アイヌ文化

上・下ともに知床博物館第９回特別展『消えた北方民族』より

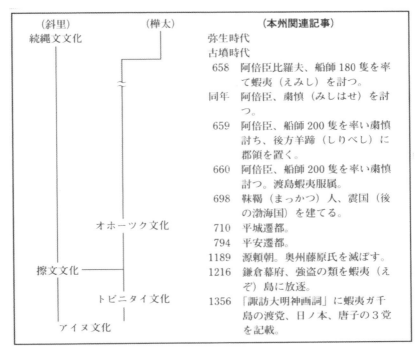

ノトロからシレトコまでの集落の移り変わり

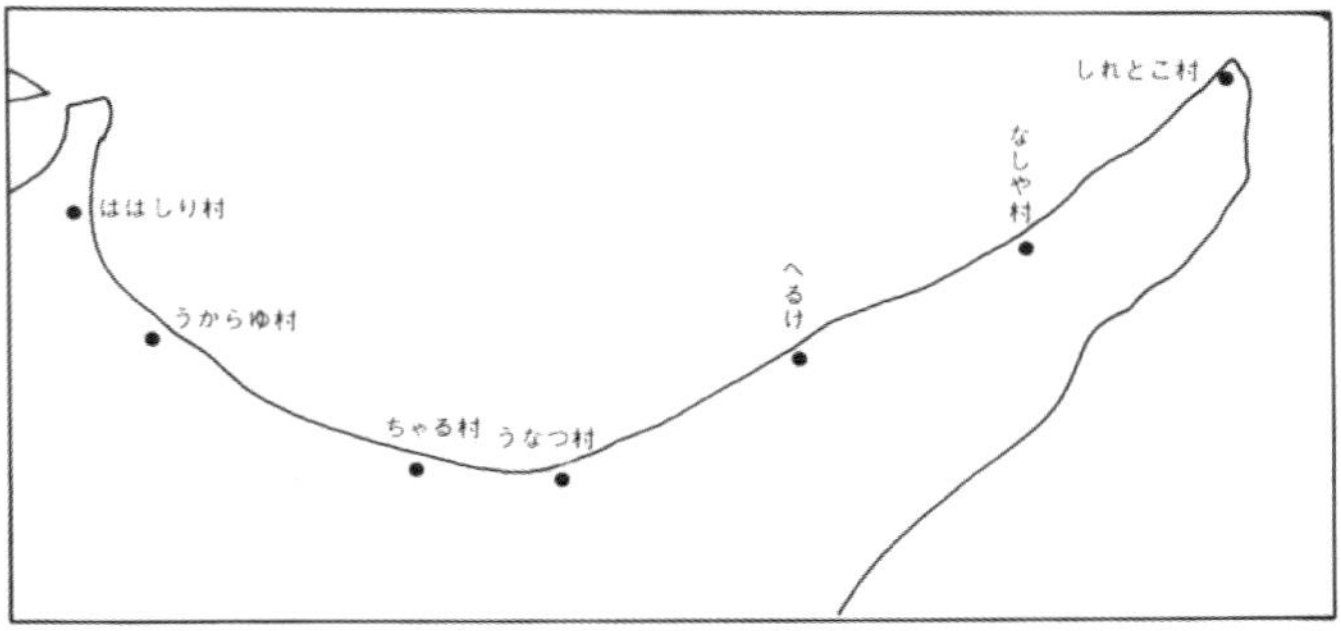

1669年当時の集落のようす
「津軽一統志」から作成

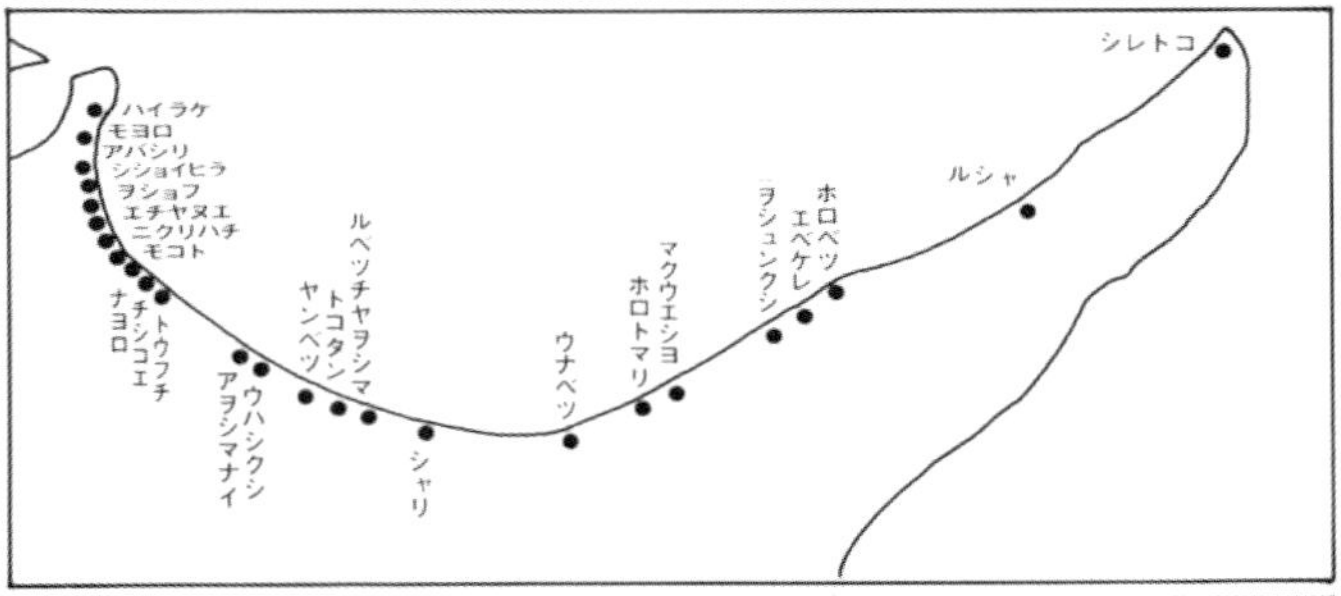

1846年当時の集落のようす
「再航蝦夷日誌」から作成

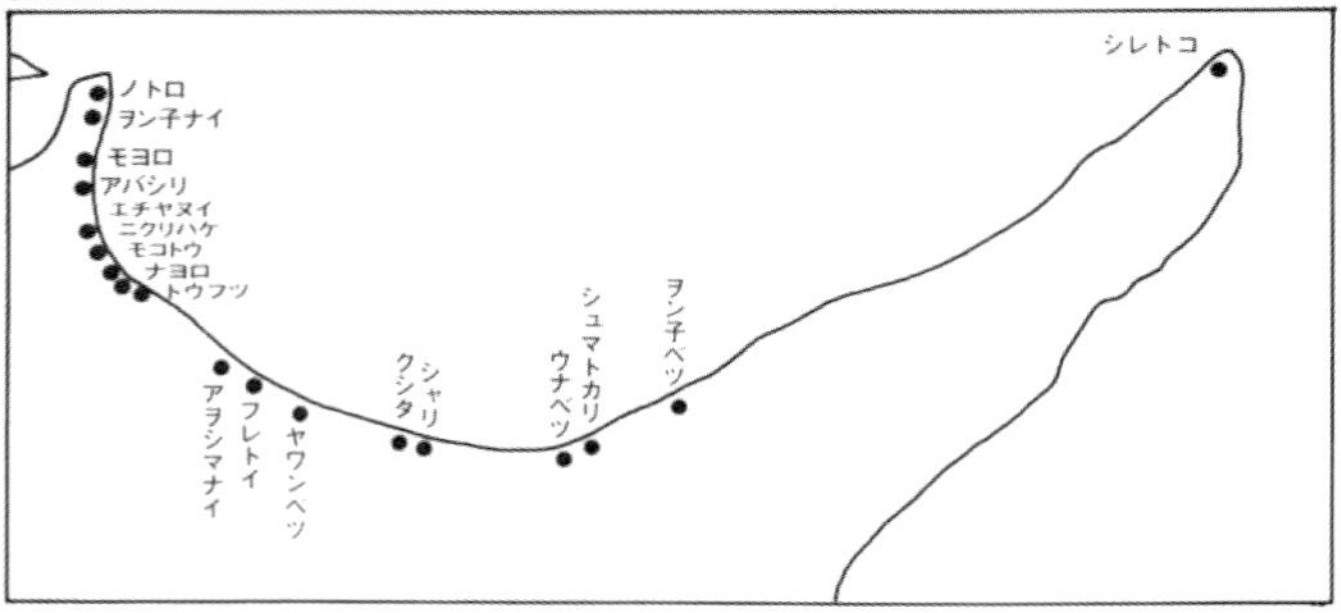

1856年当時の集落のようす
「廻浦日記」から作成

知床博物館第 13 回特別展『近世の斜里』 より

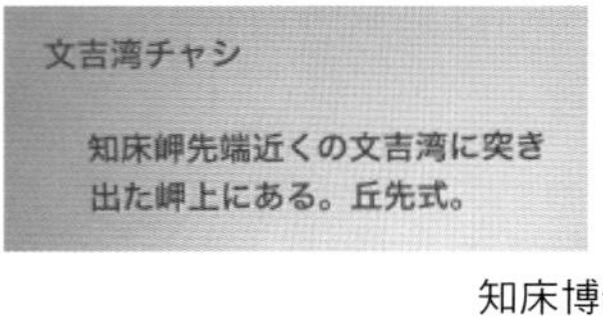

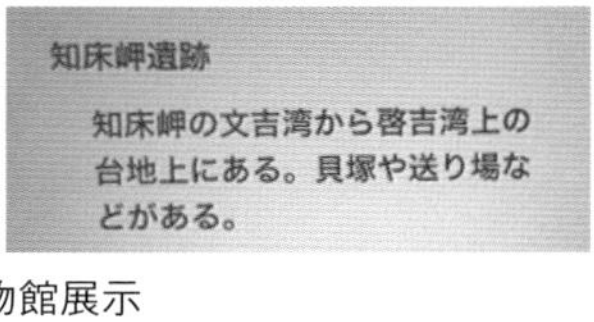

知床博物館展示

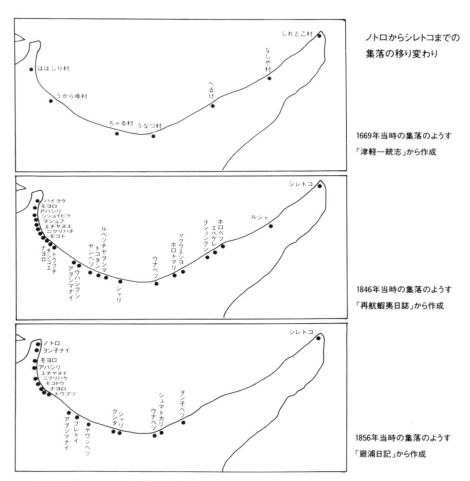

知床博物館展示

知床で最も古い遺跡は８０００年前の縄文時代で２ヶ所あるが、それは知床岬の先端部ではない。とすると知床岬の先端部に人が住んだのは５世紀のオホーツク文化以降ということになるが、岬の先端部が縄文人にとって聖地であるとすれば当然であろう。元々聖地とは考えないオホーツク人が最初に入り、それが後にアイヌ化したと考えるべきであろう。

一方、サハリンについて見てみると、中国の文献にサハリンのアイヌ民族が登場するのは13世紀からである。中国の史書『元史』によれば、１２６４年、モンゴル帝国に所属していたサハリンのニブヒの吉里迷（ギリミ）はアイヌの骨嵬（グウェイ）に毎年襲われていると元朝に救援を要求したところ、フビライがモンゴル軍を派遣し、アイヌの骨嵬（グウェイ）を征したという。

なぜニブヒとアイヌの間に対立・抗争が起きたのかということだが、サハリンから北海道に進出してきたオホーツク文化人（ニブヒ）は擦文文化人（アイヌ）に吸収されていった（トビニタイ文化）が、『アイヌ民族と日本の歴史』によると、そのトビニタイ文化人がサハリンや千島列島に進出した結果との説がある。とすると13世紀にサハリンに居住していたアイヌも、北海道のオホーツク文化人を吸収したトビニタイ文化人（アイヌ）がルーツということになる。その入り口が北知床岬と中知床岬ということになるのではないであろうか。

また、『縄文人はどこへいったか?』によると知床半島から野付半島付近と千島には擦文集団の進出はなく、オホーツク文化を引きずったままアイヌ文化に編入した可能性があるという説もある。この説が正しければ北海道の知床岬はオホーツク人のままアイヌになったということだが、擦文人が直接オホーツク人を吸収して(トビニタイ文化人＝アイヌ)が生まれる以外に、トビニタイ文化人(アイヌ人)がオホーツク人を吸収していったという流れも考えられる。

『アイヌ民族と日本の歴史』によれば、遺伝子的に調べるとオホーツク文化人に高い出現率を占めるDNAタイプ(ハプログループ)Yは、アイヌ人には特徴的に認められるが縄文人には見られないという見解もあるとのことで、もしこの時代の知床の人の遺伝子が調べられれば、やはり知床半島には擦文人ではなくトビニタイ文化人(アイヌ人)が入り、オホーツク人のアイヌ化が進んだのではないか。そして縄文時代から「シリエトク」と呼ばれていた聖地にアイヌが住むようになった、と言えるのかもしれない。

ここで、網走地方のアイヌは知床を「シレカンライ」(国土の先)と呼びぶということを思い出してみると、トビニタイ文化人(アイヌ人)の起源はこの網走辺りということが言えないであろうか。

縄文時代から呼ばれていたと考えられる「シリエトク」の聖地には、初め縄文人を祖先とする人は入ってなかったが、オホーツク人を吸収していく過程でトビニタイ文化人(アイヌ人)が国土の先へ入っていったということであろうか。それを分かりやすく示したものが次の図である。学者の中にはクマ送りは縄文人のイノシシ祭りから来たものだと主張する人もいるが、図ではオホーツク文化から入ったものとした。

縄文時代からのアイヌに至る流れ

〈縄文時代からの流れ〉

縄文時代……日本人もアイヌも同じ先祖
　↘ 弥生時代（日本人）
↓
続縄文時代
↓
擦文時代（擦文文化人）＝プロトアイヌ？
↓ オホーツク文化を吸収
トビニタイ文化人＝アイヌ（13世紀）
↓ 鉄製品が入る
近世アイヌ（14世紀末〜15世紀）
＊間宮林蔵、松浦武四郎の時代へ
＊明治時代の強制移住へ

⇓

〈アイヌ文化成立の考古学的物証〉

・クマ送り（オホーツク文化から入った）
サハリンのクマ送りは小熊を育てて送るやり方
・内耳土器（吊るすため内側に耳の付いたもの）
・釜戸→炉
・チャシ（祭場、館、砦等の性格を持つ構築物）
・送り場（動物の送り、儀礼の場所）
・回転式銛先
・陶磁器類
・墓と副葬品

参考までにその後の樺太アイヌについて記しておく。初めの悲劇は、1875年の樺太千島交換条約のために起きた強制移住である。散々明治政府に欺かれて、石狩平野に移住させられている。また第二次大戦の敗戦のとき、日本がサハリンを放棄したためサハリンアイヌは日本という異郷に強制送還されている。

時　　期	人　口	戸　数	範　　囲
寛文 9 年（1669）	1,030人程		ははしり村～しれとこ村
寛政2～8年（1790～96）	1,443人	383戸	ノトロ～シレトコ
寛政 10 年（1798）		330戸	ノトロ～シャリ
享和元年（1801）		297戸	ノトロ～シャリ
文政 5 年（1822）	1,326人	316戸	ノトロ～シレトコ
天保 9 年（1838）	1,200人	260戸	ノトロ～シレトコ
安政元年（1854）	717人	173戸	ノトロ～シレトコ
安政 3 年（1856）	717人	166戸	ノトロ～シレトコ

シャリ場所内のアイヌ人口と戸数の変化

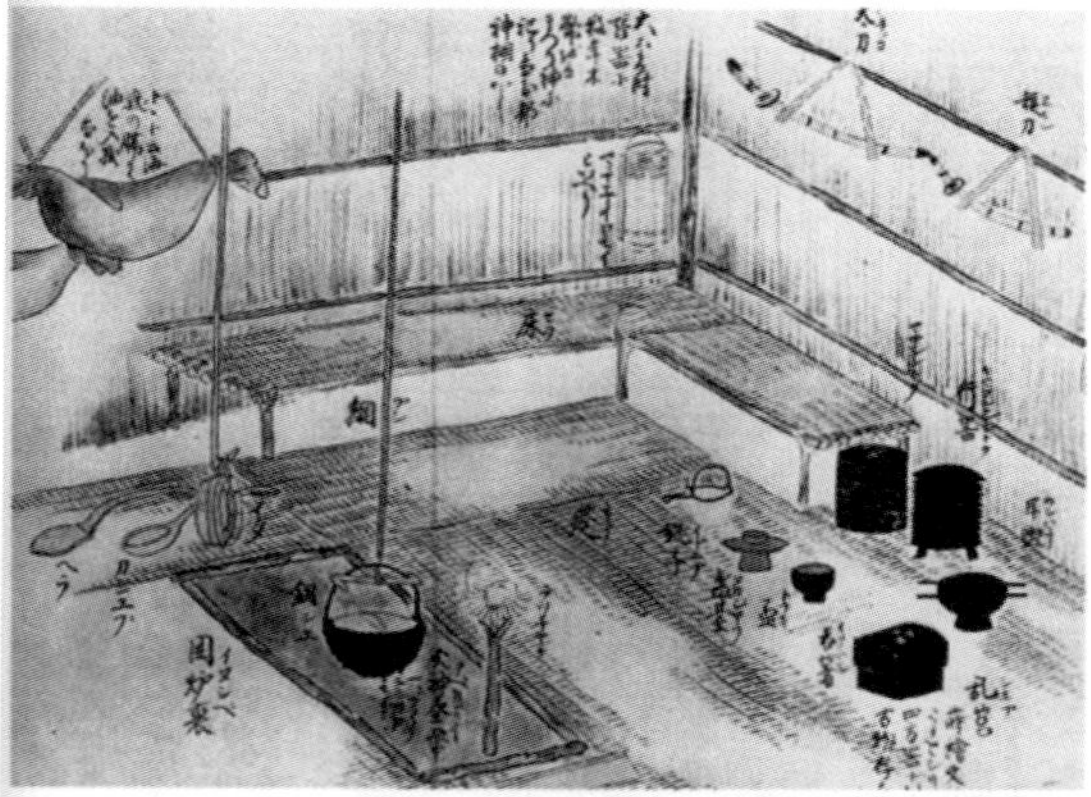

住居の内部（蝦夷島奇観：函館図書館蔵）

集　落　名	戸 数	人 口
ノトロ（能取）	9	32
ヲン子ナイ	2	9
モヨロ（最寄）	9	38
アバシリ（網走）	30	143
ビホロ（美幌）	5	20
エチヤヌイ（勇仁）	2	7
ニクリハケ（新栗履）	9	39
モコトウ（藻琴）	5	18
ナヨロ（娜寄）	6	21
トウフツ（濤沸）	9	35
アヲシマナイ（蒼瑁）	3	10
フレトイ（古樋）	4	12
ヤワンベツ（止別）	7	30
クシタ（斜里川西岸）	20	82
シャリ（斜里）	30	150
ウナベツ（海別）	3	9
シュマトカリ（朱円）	2	11
ヲン子ベツ（遠音別）	8	38
シレトコ（知床）	3	10
計	166	714

シャリ場所内のアイヌ集落（1856）廻浦日記より

知床博物館第 13 回特別展『近世の斜里』より

〈知床岬先端周辺付近の地名〉

参考までに知里真志保の「斜里郡内アイヌ語地名解」による知床岬先端周辺の地名を拾ってみる。

タンネ・シラリ：長い・平磯

オンネモイ：大きい・入り江（今の文吉湾）

メンピロタウシ：いつもそこでノビルの根をとるところ

シュンタンモイ：西方にある入り江

エオルシ：水中に突き出ている岬

タカサラウニ：杯の台のあるところ（天目台に似た岩があるので言う）

メナシタンモイ：東方にある入り江

カムイチセ：神の家の義（メナシタンモイの中にある洞窟）

ニオモイ：流木のたくさん入る入り江

サマイクルカムイ：サマイクル神（知床岬

『知床半島西岸の地名と伝説』より

の上の木原の中に立っている一丈二〜三尺ぐらいの立岩をいう。ここに昔のヌサウシ（祭場）があった）。図は知床岬周辺の地名。

〈3つの知床岬〉

サハリンの北知床岬、中知床岬と北海道の知床岬の3つの知床岬を、同時に一枚の地図上で見ている。北海道の知床岬を中心に眺めると納沙布岬が気になる。「なぜ納沙布岬は南知床岬でないのであろうか?」とふと思った。知床の名が付いても不思議でないくらい立派な岬だと思う。納沙布の地名のアイヌ語由来を調べてみると、ノッカオマプ（丘のあるところ）、ノッ・シャム（岬があごのように突き出たところ）、ノッ・サム（岬の傍らにあった集落の名）が出てくるが、集落の名と説明したものが最も多かった。

どうやら納沙布は集落の名で、岬や半島の名が由来ではないらしい。アイヌから見ると、それなりの違いがあるのか。国後島や択捉島にも知床という名があってもよさそうだが、見たことがない。礼文島には知床という場所があるが、南側で岬でもない（沢の名前という説もある）。どうもよく分からないが、縄文人が名付けたものをアイヌが引き継いでいるということであろう。

北知床岬の旧称は、シンノシレトコ（真知床）岬で、これがアイヌ語由来というネット情報もある（P4参照）が、「シンノ」の部分は和人が持ち込んだ部分であろう。松浦武四郎より後だが、幕末（慶応元年、1865年）に樺太を東側から一周した岡本韋庵の伝記『樺太・千島に夢をかける』を読むと、シンノシレトコと記された北知床岬に実際に到達しているので、確かに幕末の時代には「シンノシレトコ」と呼ばれていたようである。

またこれもネット情報だが、北知床岬近くの海豹島（チェレニー島）は、松浦武四郎の『実験北蝦夷山川地理取調図』では「レフンモシリ」と記載されており、また明治初期の絵図には「アトヤモシリ」と記載されているという。この情報から松浦武四郎の『実験北蝦夷山川地理取調図』を実際に見てみると、何と北知床岬の地図に地元で聞き取ったと思われる多くの地名が書き込まれていた。何ということか。さすがは松浦武四郎だと思った。

梅木孝昭の『サハリン 松浦武四郎の道を歩く』によると松浦武四郎は、1858年6月にタライカ湖を目前にしながら湖を確認する時間を得ずして、ここから川を遡りホロナイ川本流と合流するところから南下してシッカに戻ったとある。実際には知床岬には到達してないとすると、シスカ辺りで聞き取った情報を地図に書き込んだということであろうか。

そして松浦武四郎の書き込みをよく見ると、北知床岬先端の西側の岬近くの地名がはっきり判読できないが「キマシリエ子（或いはキタシリト子）」と書かれている。これはもしかしたら「キタシレトコ」と書いたものなのかもしれない。いやきっとそうだろう。樺

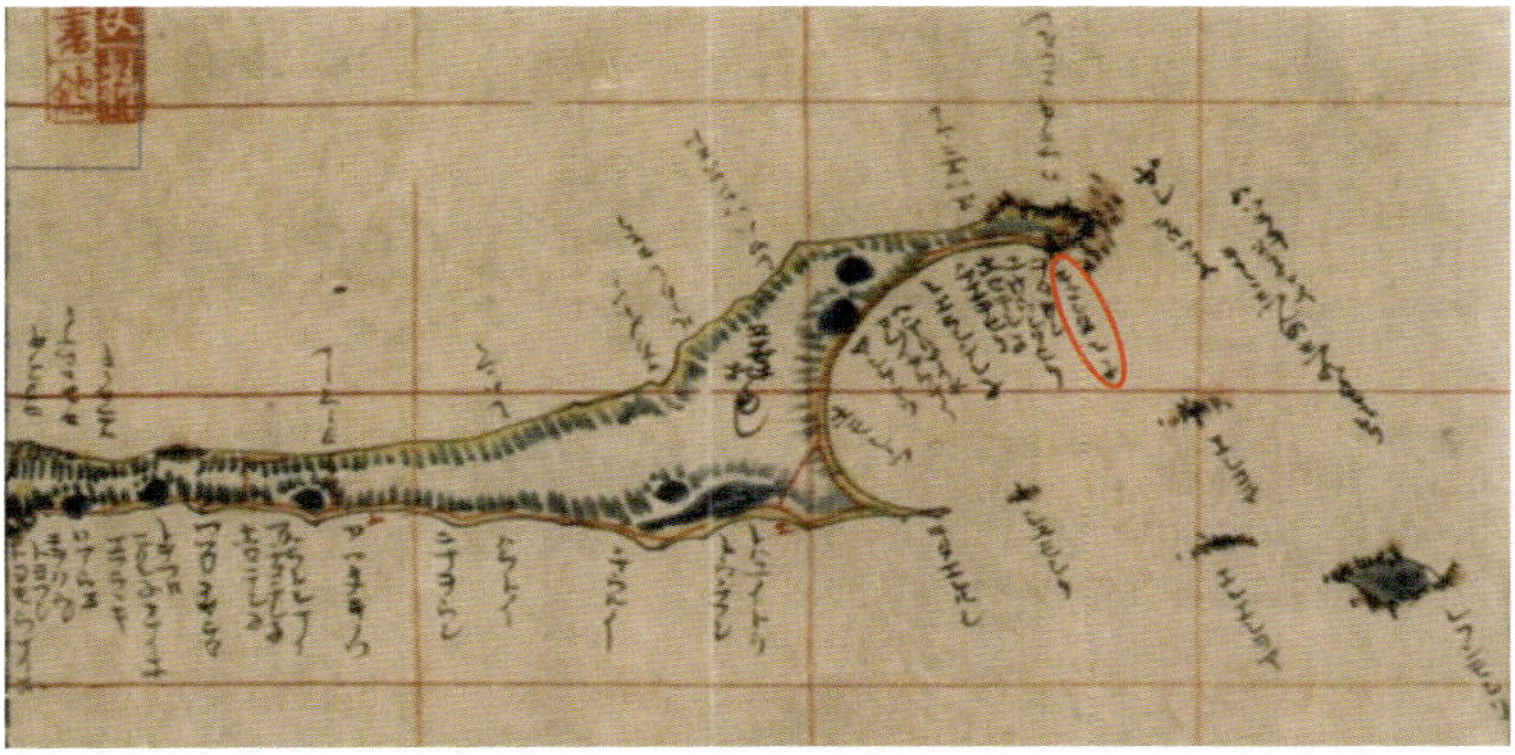

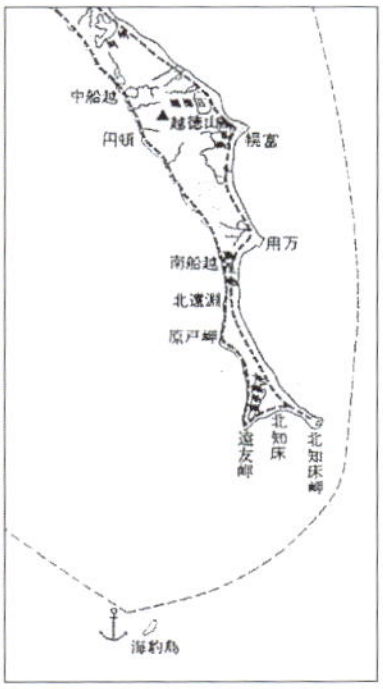

松浦武四郎の『実験北蝦夷山川地理取調図』（函館市立中央図書館デジタル資料館より）と『南樺太全図』（右）

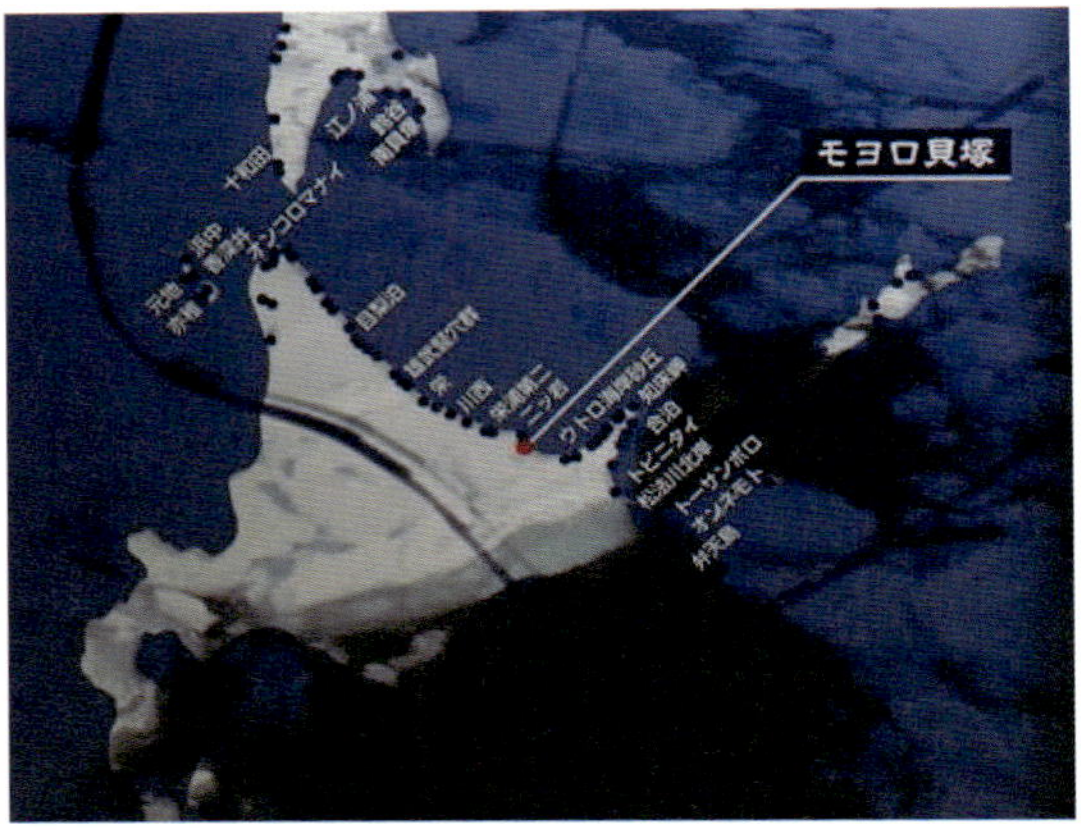
モヨロ貝塚
十和田
江ノ浦
オンコロマナイ
元地
浜中
香深井
目梨泊
枝幸
川西
栄浦第二
二ツ岩
ウトロ海岸砂丘
知床岬
トビニタイ
松法川北岸
トーサンポロ
オンネモト
弁天島

モヨロ貝塚館展示

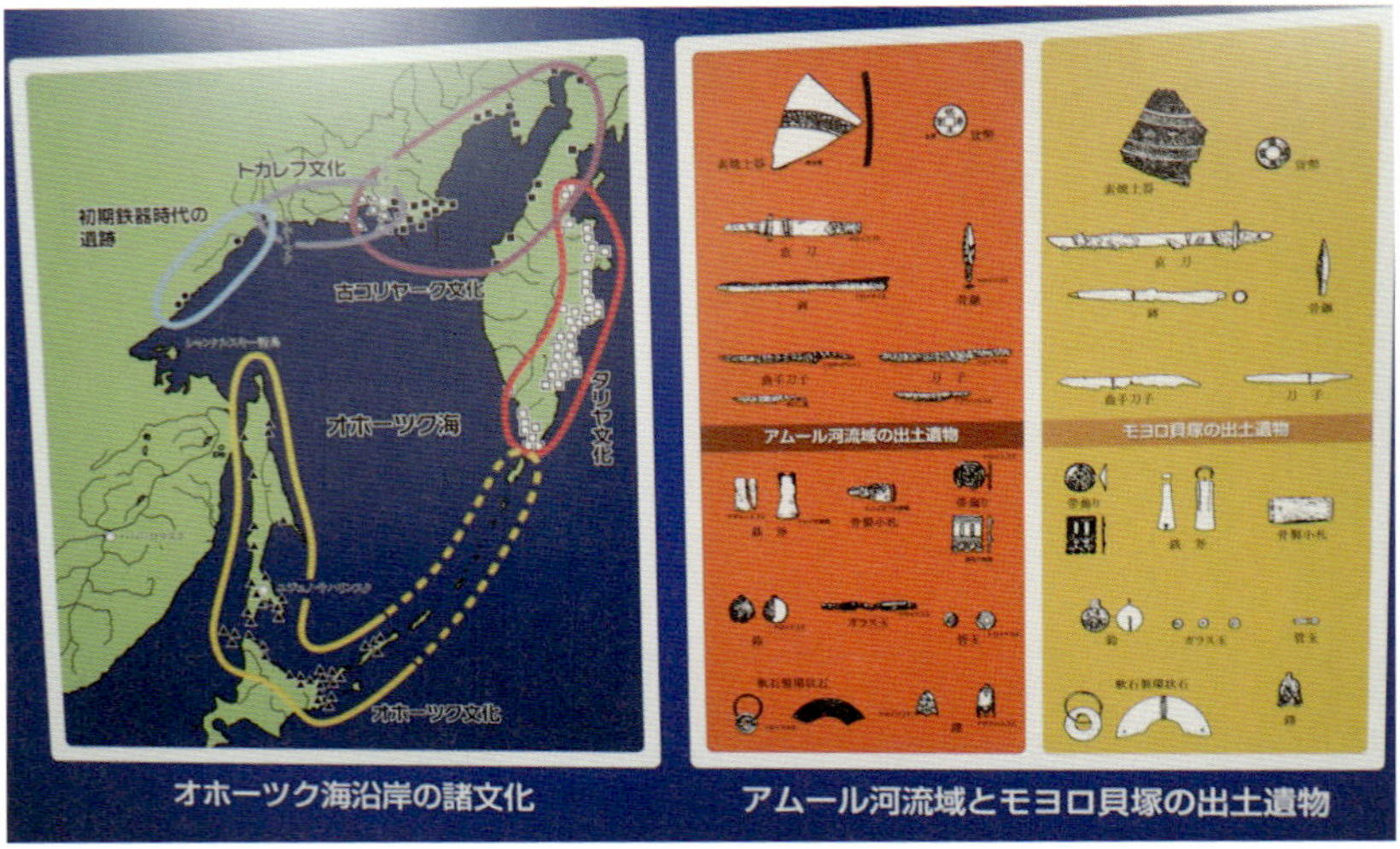
トカレフ文化
初期鉄器時代の遺跡
古コリヤーク文化
オホーツク海
タリヤ文化
オホーツク文化
アムール河流域の出土遺物
モヨロ貝塚の出土遺物
オホーツク海沿岸の諸文化
アムール河流域とモヨロ貝塚の出土遺物

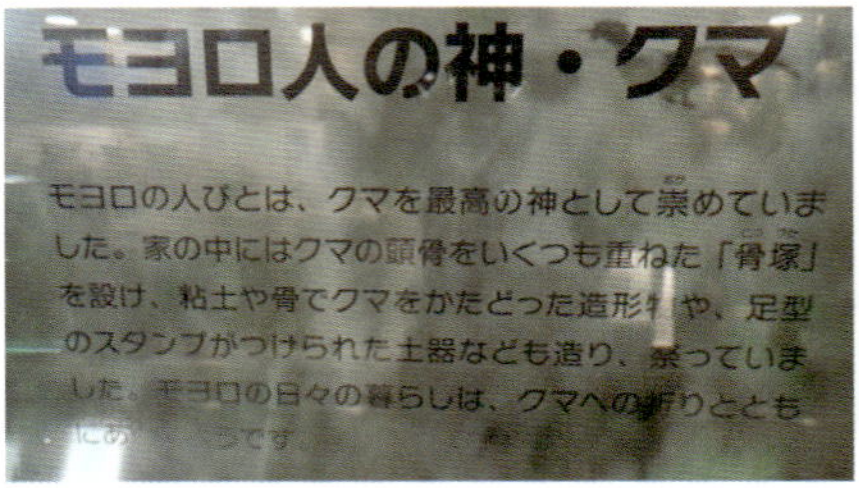
モヨロ人の神・クマ
モヨロの人びとは、クマを最高の神として崇めていま
した。家の中にはクマの頭骨をいくつも重ねた「骨塚」
を設け、粘土や骨でクマをかたどった造形物や、足型
のスタンプがつけられた土器なども造り、祭っていま

太史刊行会編全国樺太連盟発行の『南樺太全図』（昭和20年8月15日現在）にも、北知床岬の西側の同じような位置に北知床という地名が書き込まれている。

また、この地図の中知床岬のところの書き込みを見ると「シレトコ」とはっきり書かれている。とすると、松浦武四郎の時代には中知床岬が「シレトコ」、北知床岬が「キタシレトコ」と呼ばれていたことになる。北海道の「シレトコ」はあまり意識されず、サハリンの中だけで区別していたということなのであろうか。或いは「キタシレトコ」だけ、「シレトコ」の中でも別格ということなのか。

いつ頃からアイヌの祖先の縄文人がそのように呼んできたかは分からないが、やはり縄文人にとって「シレトコ」は特別な突起（岬）なのだろう。中知床岬はおそらく和人が北海道の知床岬を意識して「中」を付けたものであろう。隣の西ノトロ岬（クリリオン岬）も松浦武四郎は「ノトロ」と記しているので、「西」を付けたのは和人であろうと思われる。「ノトロ」というのもアイヌ語で「岬・の処」で、突き出たところのような意味だが（岬は人体名称が多いらしく「ノツ」＝「あご」とのこと）、北海道でも西側にノトロ岬が、東側に知床岬が突き出ていて、サハリンでも西側に西ノトロ岬が、東側に中知床岬が突き出ているが、この一致も何か意味があることのように思われる。北海道では有名なオホーツク文化のモヨロ貝塚（擦文文化、アイヌ文化も見られる）が能取岬近く（能取岬と知床岬の間）にあり、知床岬も遠望することができる位置にあることも興味深い。モヨロ貝塚の資料館の学芸員は「ノトロと本州の能登半島との関連が」という話をしていたが、能登半島も西側である。西側は「ノトロ」で東側が「シレトコ」というのは単なる偶然か？いや偶然ではないであろう。聖地は東なのではないか。

3つの知床岬という視点は今まで持ったことがなかった。しかし南サハリン、南千島、北海道、東北

松浦武四郎足跡図
（『サハリン 松浦武四郎の道を歩く』より）

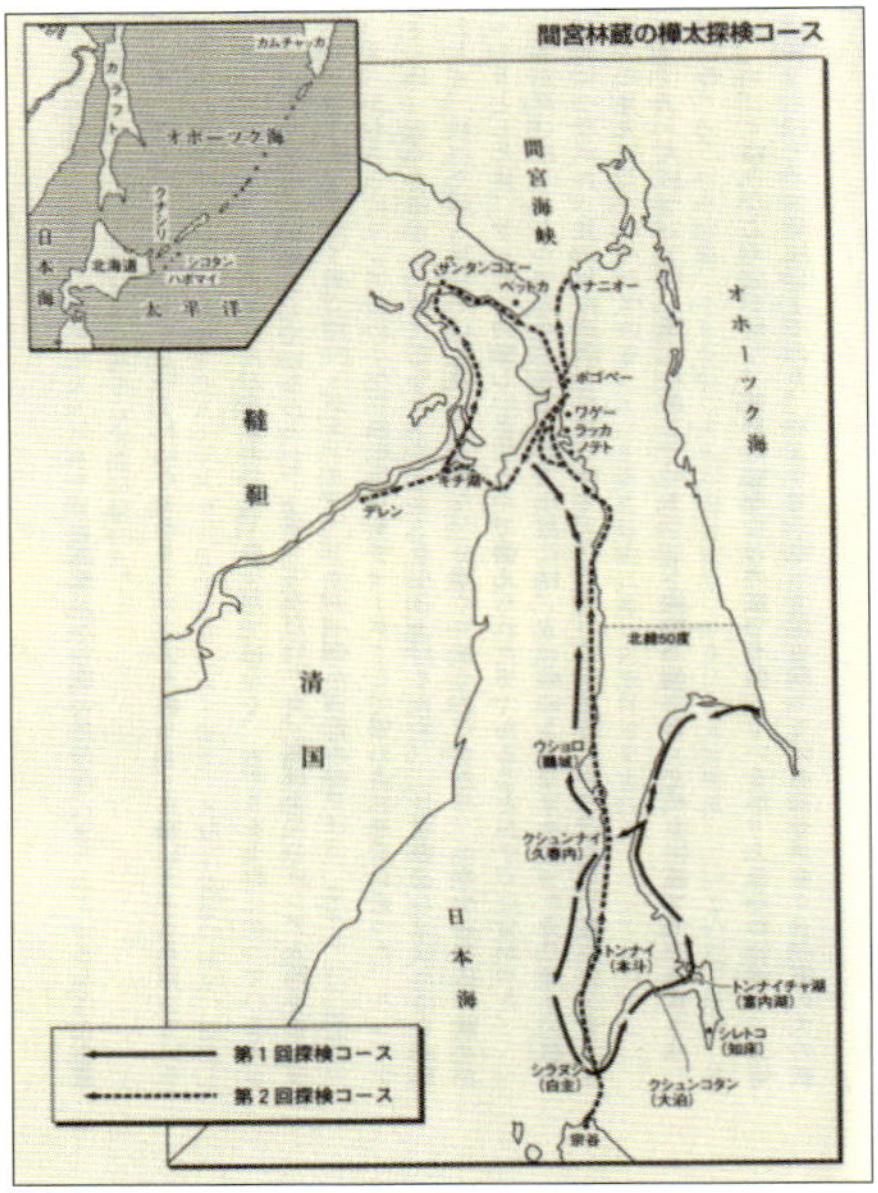

間宮林蔵足跡図（『新サハリン探検記』より）

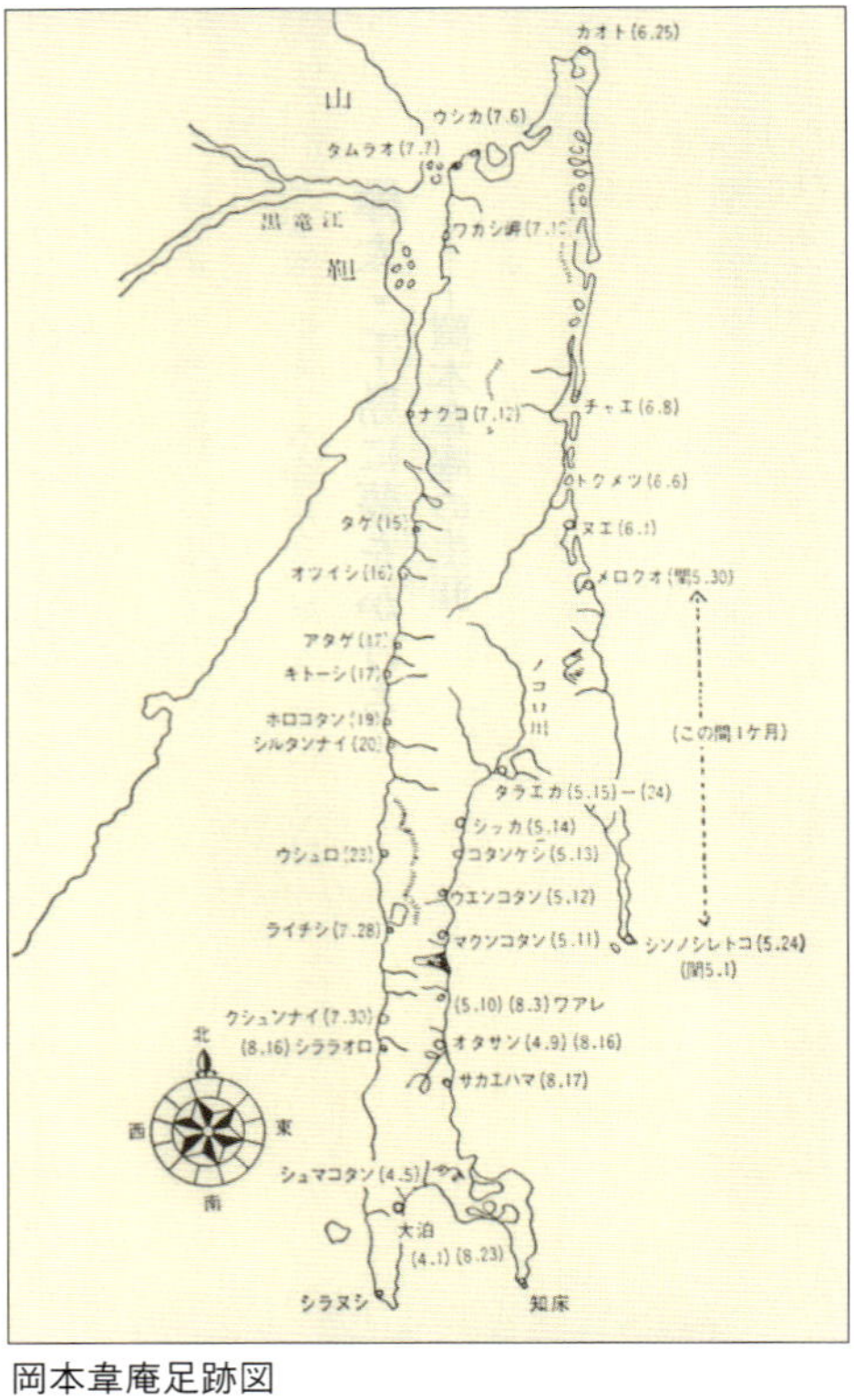

岡本韋庵足跡図
（『樺太・千島に夢をかける　岡本韋庵の生涯』より）

間宮林蔵も松浦武四郎も北知床岬の先端には到達してないが、岡本韋庵は到達しているらしい。「シンノシレトコ」と記載されている。

地方に広く分布していたアイヌにとっては、この3つの知床岬の存在は当然のことなのかもしれない。中知床岬も北知床岬も、間宮林蔵と松浦武四郎は到達してない地である。中知床岬も謎であり興味があるが、今回は北知床岬へ行く。自分の原点である知床を見つめ直すときが来ているような気がしている。知床が好きな人は多いが、私は以上の視点で今さらだが考えてみたいと思っている。実際にサハリンの北知床岬に行って自分の目で見ることは重要なことだと思っている。

4. 能取岬

これほど何度も北海道に行っているのに、能取岬に行ったことがなかった。しかし、「3つの知床岬」という課題を抱えた今、どうしても行かざるを得ない状況となっていた。北知床岬へ行った翌年の2018年8月にサハリンの中知床岬に行く予定の今こそ行くしかなかった。このような動機で能取岬に行く人はいないであろう。

◆2018・7・1（日）曇り後雨　自転車で能取岬を目指す

網走・道の駅（9：10）─能取岬（9：45／10：30）─網走・道の駅（11：50）

振り返ると知床基部に斜里岳が見える

天気予報では午後から雨になりそう。レンタカーで行く手もあったが、オホーツク人が住んでいた辺りを体感したく電動自転車で行く。電動自転車は初めて乗ったが登り坂も楽で快適だった。

道の駅で海上を見るとウトロのオロンコ岩のような岩がありその左側に能取岬が見える。道の駅が開く時間まで海を眺め、9時に手続きを取り出発。途中「二ツ岩チャシ跡」というオホーツク人の遺跡があるところも通ったが、天気が心配なので先を急いだ。天気は良くなかったが、知床半島の山々が岬の先端部までうっすら見えた。知床半島の山はこんな見え方をするのかと思いながら、先を急いだ。

能取岬は綺麗なところだった。とにかく、こんな天気でも知床半島がよく見える。花も綺麗でハマナス、エゾカンゾウ、エゾキスゲ等が咲き乱れている。もっと天気が良ければすごいだろうと思った。真冬の晴天の日に来たくなった。この風景を見ると、やはり知床岬とセットになっている岬と言えるのであろう。北海道では知床岬と能取岬、サハリンでは中知床岬と西能登呂岬がセットになっている。いずれも太陽の昇る東側が知床岬である。

なぜ北知床岬はノトロ岬がセットになってないのであろうかと思い、再度『南樺太全図』を眺めてみると、北知床岬の西側の敷香の南の泊岸という町の近くに、岬とは言えないような突起だが「野手戸岬」という記載がある。漢字は明らかに違うが、ノテトと読むのであれば音はノトロに近い。ノテトは調べるとアイヌ語で「岬の突端」という意味らしく、ほぼノトロの意味（岬・の処）と同じ。

或いはサハリンの西海岸に目を転じると真岡の北に下能登呂という町があり、近くに小能登呂岬がある。北知床岬から南西方向にかなり距離があり、ここならもっと北にある知来岬の方がふさわしい気がする。位置的には野手戸岬であろうが、北知床岬の大きさからすると小さすぎるような気もする。悩ましいところだが、やはり東に知床岬、西にノトロ岬が必ずセットになっているように思われる。ノトロはアイヌ語では「ノトロ（岬・の処）」だが、それ以外に「知床岬の必ず西側にある」という意味がアイヌにとってあるのではないかと思ってしまう。知床岬は文化とかが入ってくるところとすれば、ノトロはその逆のところなのか?などと思ってしまう。悩みは続いている。

能取岬から長大な知床半島を望む

それにしても能取岬から

眺めると知床岬はとても大きな岬である。アイヌも畏怖の念を持ったのではないかと思う。ここへ来て自分の目で見て、そう思った。岬の先端を歩き回ったが、後述するサハリンの北知床岬と似た感じがあり、海側は断崖で緑の広々とした台地という点が同じだった。北知床岬との違いは海鳥が少ないことだった。サハリンの北知床岬は海鳥の宝庫で、羆も出てくるものすごいところだった。

しかし能取岬も良いところで、一度冬の晴れた日に再度訪れたいと思いつつ自転車で後にした。帰りは天気が心配だったが、時間のかかる能取岬一周コースを取った。能取湖へ出て帰るコースも、自動車の数が少なく自転車としては走りやすかった。網走市街まで10㎞の地点から弱い雨が降り始めたが、ひどい目に遭わず道の駅に戻ることができた。

5. 能登半島

２０１８年7月に金沢の県立歴史博物館を訪問し、能登半島の「能登」の由来について学芸員にずばり聞いてみた。回答は次の通りで、やはり全く分かってないというのが本当のところのようである。

(学芸員の回答)

・分からない。

・柳田国男も能登の由来は書いてない。

・喉元とかアイヌ語から来ているという人もいる。

ところで館内を見ていると「須曽蝦夷穴古墳」の展示があった。七尾市の能登島の高台にあるらしいが、ビデオに「日本海を北上し粛慎（みしはせ）」を討伐に行って（奈良時代朝廷からの命令で）討死した人の墓という説明があった。

瀬川拓郎の『アイヌと縄文』によると、粛慎（みしはせ）とはオホーツク人である。『日本書紀』の斉明6年（660年）には阿倍比羅夫の大艦隊が王権の命令で日本海を北上し「渡島（わたりしま）…北海道」へ行き、地元の「渡島蝦夷（わたりしまえみし）…アイヌ」から助けを求められ、沖合の「弊賂弁島（へろべのしま）…奥尻島か」を根拠とする「粛慎（みしはせ）…オホーツク人」を討ったとある。

須曽蝦夷穴古墳のビデオの説明は『日本書紀』と符合しているように思う。この古墳に葬られている人は、阿倍比羅夫の大艦隊に加わって戦死したそれなりの身分の人のようである。おそらく古墳人であろう。

この奈良時代には既に能登という地名があったとすれば、能登の由来はアイヌの祖先でもある縄文人の言葉なのではないかと思う。能登半島とアイヌ語の「ノトロ（岬・の処）」の関係を考えてきたが、アイヌが成立する前からアイヌ語のノトロと同じような意味で能登は存在していたのだろう。しかし、アイヌをオホーツク人から助けるために古墳人がここから北海道へ向けて出て行ったというのは、ここがアイヌ語由来のような地名であるだけに面白い。

6．三内丸山遺跡とアイヌは関係があるか？

縄文時代といえば三内丸山遺跡である。2018年1月、アイヌとの関係が気になり雪深い中を三内丸山遺跡へ行った。学芸員らしき人の話を聴くことができた。

〈三内丸山の縄文人はどこから来たのか〉

中国大陸との関係が深いらしい、しかし来たルートは不明。三内丸山遺跡は大集落だが、その大集落ができる前には、近くに同じ人たちの小集落の跡が確認されているらしい。5500年前頃、中国大陸から来た縄文人が約1000年の間、ここで大集落を作って生活していた。骨が少ないのでDNAでの調査ができないのが残念な限りである。

〈この同じ場所で遥か後年アイヌの痕跡はあるのか〉

三内丸山遺跡の縄文人は5500年前～4500年前ということだが、その後、平安時代にも人類が住んでいた痕跡があるが渡来人らしい。アイヌは鎌倉時代以降とすれば、東北では奥州平泉の時代以降になる。学芸員の話では「アイヌがこの地に住んだかどうかは不明だが、地名にはアイヌの痕跡が残っているのでアイヌが来ていたことは間違いないのでは」ということだった。

その他、得られた情報は次の通り。

・三内丸山と同様の縄文遺跡は、北海道では道南にあるのみ。

・北海道からよりも渡来人の影響の方が強いらしい。

・明確な貝塚がなく、人骨が少ない。

・小さな十字土偶の出土が多い。

・大きな集会場や高い（20m）櫓もあった。櫓は見張り台？　灯台？　津軽海峡の様子は今と大きく変わらない。

〈参考文献〉

大谷和男『千島列島の山を目指して：知床、千島、カムチャッカ紀行』牧歌舎（2006）

知里真志保「斜里郡内アイヌ語地名解」、『斜里町史』斜里町（1955）

三省堂編修所編『日本地図地名事典』三省堂（1991）

知床博物館『消えた北方民族：オホーツク文化の終えん』（知床博物館特別展 第9回）斜里町立知床博物館（1987）

知床博物館『近世の斜里』（知床博物館特別展 第13回）斜里町立知床博物館（1992）

知床博物館『知床半島西岸の地名と伝説』（郷土学習シリーズ 第6集）斜里町立知床博物館（1984）

相原秀起『新サハリン探検記』社会評論社（1997）

林啓介『樺太・千島に夢をかける：岡本韋庵の生涯』新人物往来社（２００１）
梅木孝昭『サハリン 松浦武四郎の道を歩く』（道新選書31）北海道新聞社（１９９７）
宮島利光『アイヌ民族と日本の歴史：先住民族の苦難・抵抗・復権』三一書房（１９９６）
北の縄文文化を発信する会編『縄文人はどこへいったか？』（北の縄文連続講座・記録集２）北の縄文文化を発信する会（２０１３）
瀬川拓郎『アイヌと縄文：もうひとつの日本の歴史』（ちくま新書）筑摩書房（２０１６）

2. サハリン・北知床岬（テルペニア岬）

1．サハリン・北知床岬（テルペニア岬）探検

（1）期間：2017年8月14～18日

（2）メンバー

大谷、増田

（3）行動の記録

またやられてしまった。行きに中知床岬を眺めながら行こうと思い、船の計画を立ててしまったことが敗因だった。確かに動きの遅い台風が日本海側を通りサハリンの方へ向かうルートを進んでいたが、東北沖で低気圧になり消滅する予想だった。稚内出航予定日の8／12（土）の稚内の天気予報は、晴れではないが波も低い予想だったので何の心配もしてなかったのだが、8／10（木）の午前に、りんゆう観光のウルツィさんから電話がかかってきた。その内容を聞いて驚いた。何と「船の欠航が決まった」というものだった。理由は分からないという。

仕事中だったが、すぐに対応を協議した。結局2日遅れの8／14（月）の新千歳空港発の航空便が取れるというので、その便で行く案に切り替えてもらった。予備日を2日間設けていたので何とかなりそ

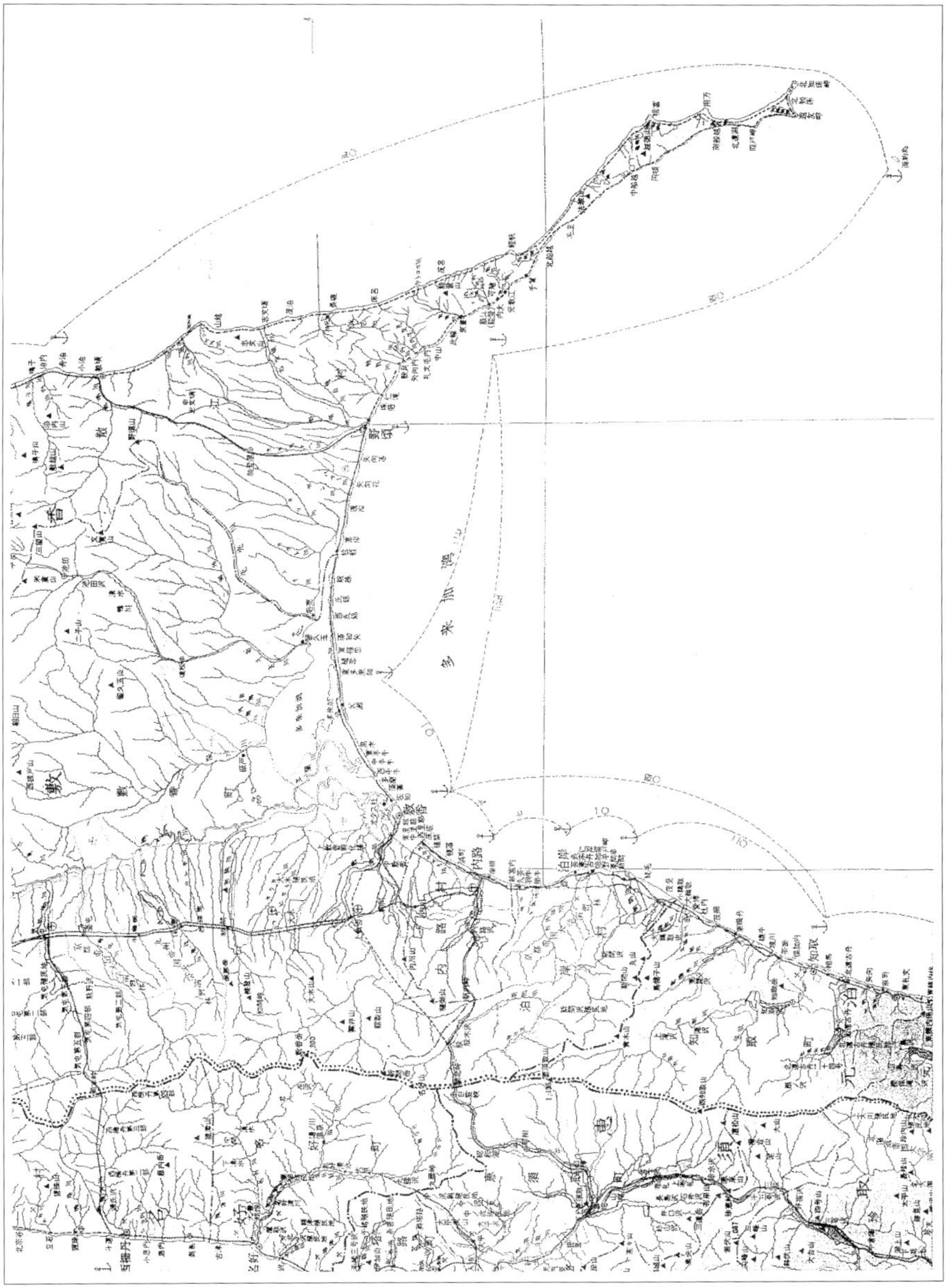

『南樺太全図』（昭和20年）より

うだった。後述する2014年の夏にサハリンに渡航したときは、稚内まで行って台風に遭い船が欠航となったが、そのときよりはまだましだと思うしかなかった。

◆2017・8・14（月）曇り

函館（10：05）—新千歳空港（13：30／16：45）—ユジノサハリンスク（19：50／20：20）—ポロナイスク（敷香）・ホテル セヴェル（24：20）

函館に前泊したが、函館は昨日も今日も曇りで寒いぐらい。天気図を見るとサハリンの上に低気圧があるが、問題は明日、明後日の天気はどうかである。

空港で増田氏と合流しチェックインを済ませ、一人ビールを飲む。空港は中国人が多く混んでいる印象だったが、機内に乗り込むとびっくりするほど乗客が少ない。30人程度か。確か残り3席しかないと言われ慌てて席を押さえてもらったが、これは一体どういうことか。船の欠航といい、全く訳の分からないことが多い。

ユジノサハリンスクには予定の時間に着き、税関もすぐに通過できた。今回はこちらから頼んだわけではないが、予定変更後なぜかエレーナさんというサハリンの旅行会社の人が通訳として同行することになり、そのエレーナさんが待っていた。エレーナさんは30歳代であろうか、驚くべきことに日本語もある程度話せる人だった。すぐに車に乗り込みポロナイスク（敷香）を目指した。道路の状態は良く、4時間後にポロナイスクに着いた。ホテルセヴェルというのは昔のツーリストホテルではないかと思われるが、部屋はシングルルームだった。

◆8・15（火）曇り

ポロナイスク・ホテル セヴェル（5：30）―チョールヌイ川河口の乗船口（5：40／6：00）―ポロナイスク川河口に合流（6：05）―チェレニー島（海豹島）手前：エンジントラブル（10：00）―小型モーターボートで曳航―チェレニー島（海豹島）：ラビルさんが上陸しガソリン調達（10：40／11：40）―小型モーターボートで曳航―北知床岬（テルペニア岬）上陸（15：00）

＊先端の二つ岩付近探検：夥しい量の海鳥の中にオロロン鳥、エトピリカを発見（15：30―16：30）

＊先端部台地探検：知床岬と書かれた石板発見（16：30―17：30）

＊散江・本鳴寄湖北部まで探検：クジラ死骸、鷲の巣跡、巨大な北鹿、羆発見（18：30―19：30）

〈出航〉

朝4時半に起きて用意されていた朝食パックを開け、朝食を摂り5時半に出発。やはりやや寝不足だが、気合を入れて出発。ホテルから乗船口まではタクシーで行くが、5分程度で着いてしまう。歩いて

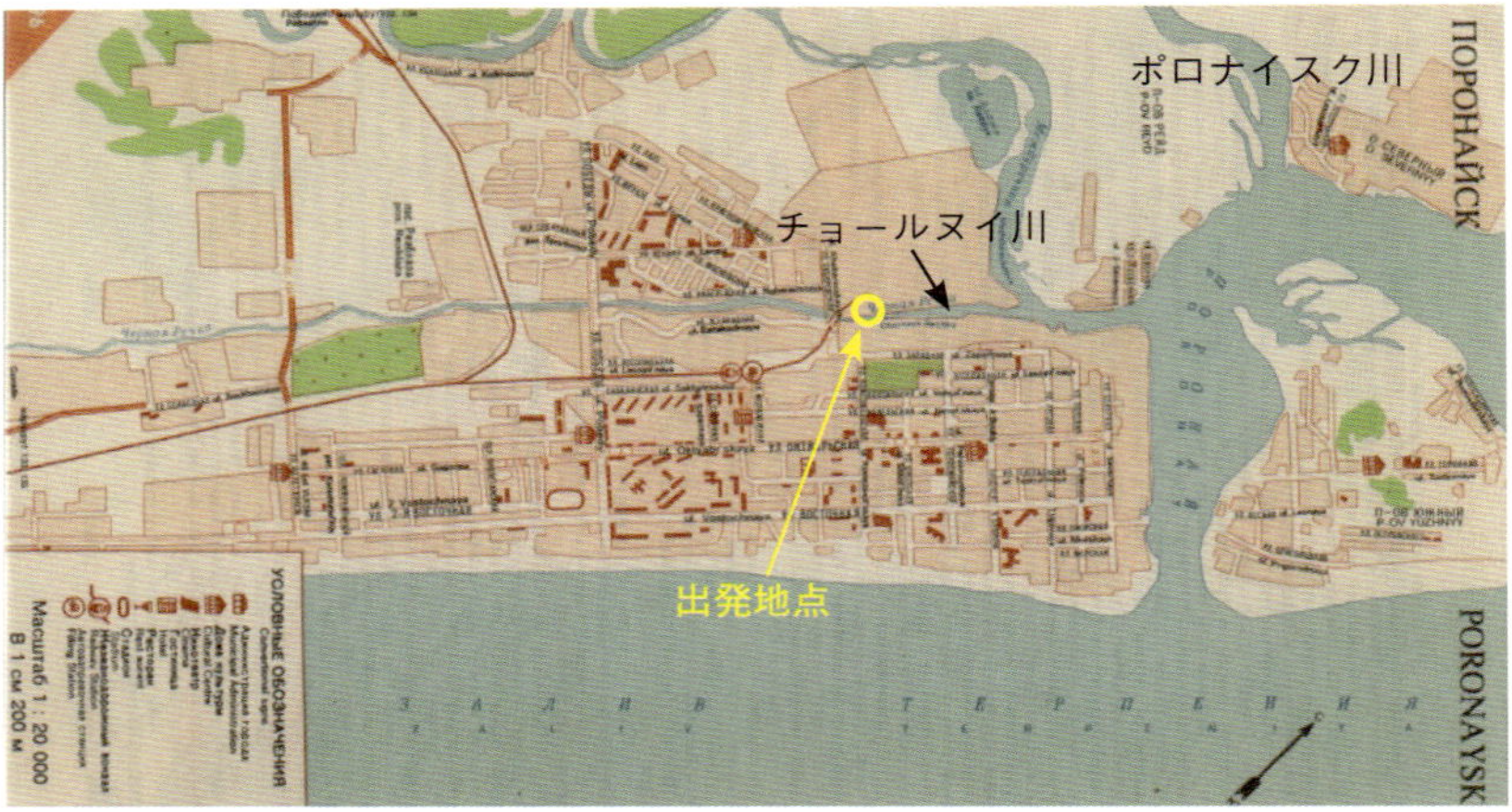

ポロナイスク（敷香）

も行ける距離のようだった。乗船口にはサハリンスカヤゾロートと書かれた看板があった。しばらく待つと今回船を出してくれるラビルさん御夫婦が到着。奥さんはとても若く見える。自己紹介をしてがっちりと握手を交わした。

エレーナさんの話では、この乗車口は「黒い川」の河口ということ（後で調べると川の名前のチョールヌイは黒いという意味だった）。『サハリン 松浦武四郎の道を歩く』の著者の梅木氏によると「工場排水でここの湾がかなり汚れているのに海獣がいる」という記述があるので、黒い川というのは昔工場排水で汚染されたため黒いという名になったのかもしれないとふと思った。

船はヤマハ製で、荷物を積み込むとすぐに出航した。メンバーはラビルさん夫婦、エレーナさん、増田氏、大谷の5名。全員室内に入ることができた。出発するとすぐにポロナイスク川河口に合流してすぐに海に出た。6時に出発した船はスピードを上げてチェレニー島、北知床岬を目指した。かなりのスピード感（時速60㎞程度出ている感じ）で、船が跳ねて海面に打ち付けられるときの衝撃は大きく、むち打ち症にでもなるのではないかという感じさえしたが、こんなものは快適のうちだということが後になってよく分かった。

学術調査の人か？

船内

北知床岬中間部

その話は明日の記述に譲りたい。

出発時は暗かったがだんだん明るくなり、岬の先の方は低いところは雲がないらしく明るくなっていた。晴れではないが波も静かで、なかなか良いコンディションに思えた。しかし北知床岬はシンノシレトコ岬と呼ばれるだけあり、距離が長くなかなか着かない。エレーナさんの話では、ポロナイスク～チェレニー島（海豹島）～北知床岬で170kmとのことだった。エレーナさんはGPSを持っていて時々そのような情報をくれるので参考になる。私もGPSを持ってきたが、ロシアの詳細な地図は入ってないので詳細な地図は出てこない。しかし自分が通ったところを後で確認する上では役に立つ。地図で見ると半島は途中かなり狭くなっている場所もあり、元々島でそれが繋がったようにも見える。実際、船から先端方面を見ると繋がっているように見えず、島のようにも見える。

途中で小さなモーターボートで移動している人がいた。ラビルさんは船を止めて何か話している。「漁民か？」と聞いてみたが、ここは禁猟区とのこと。5月からこの地域に入っている人との答えだった。学術調査かもしれないと思ったが、何をしている人かは不明。

〈エンジントラブルと海豹島（チェレニー島）〉

そしてそれは、10時頃に岬の先端付近に達しチェレニー島までもう少しというところで起きた。何とエンジントラブル発生。ラビルさんは慌ててないしヤマハの船なのですぐに解決できるであろうと思って見ていたが、補助のモーターボートを持ち出したので驚いた。補助のモーターボートの小さなエンジ

м.Поворотный
m. Povorotnyy
м.Давыдова
m. Davydova
БУХ ДАВЫДОВА
м.Терпения
m. Terpeniya
北知床岬先端部と
チェレニー島
小型ボートで牽引

チェレニー島（海豹島）

上：オットセイ　下：チェレニー島（海豹島）

海豹岩

ンとスクリューを後部に設置して、停止した船を進めようとしている。しかしなかなか効率良く進まない。そこで小型モーターボートを前面に出して本体をロープで牽引する形に変えたところ、決して速くはない（歩くくらいの速さ）が、効率良く進むようになった。エンジントラブルがどのようなものかは分からないが、簡単には直らないものであることはよく分かった。海から顔を出すオットセイの数が増えてきたが、その声は我々をあざ笑っているかのようだった。やがて船はチェレニー島に着いた。

チェレニー島は、自然保護のため上陸が禁止されている。しかし上陸はできないものの、夥しい数のオットセイ、トド、アシカの騒音の中に停泊している。海獣のことに無知な筆者は、日本名が海豹島というので姿を見せるのは海豹（アザラシ）だと思っていたが、後でオットセイであることに気付いた。船のすぐそばでオットセイが海から顔を出し、島には多くの海獣たち（オットセイやトド）が寝そべっている。学術研究で上陸している人が写真を撮っている姿も見える。北千島のようにラッコはいないが、ここはオットセイたちの楽園

北知床岬先端（テルペニア岬）

だった。上陸はできなくても夥しい数の海獣たちに圧倒され、それだけで十分満足できるところだった。

我々が写真を撮るのに夢中になっている間、ラビルさん夫婦は小型モーターボートで島に上陸しガソリンを調達していた。ここから北知床岬には17㎞ほどあり、歩く程度の速さではまだかなり時間がかかる位置だった。

北知床岬へ小型ボートで牽引

〈北知床岬（テルペニア岬）上陸〉

海豹島を出発するとすぐに海豹岩に出る。この小さな岩礁にもオットセイが盛り沢山にひしめいている。相変わらず海からはオットセイが顔を出す。波が静かだったので船の屋根の上に登ったりしたが、遠くに見える北知床岬の灯台がなかなか近づいてこない。ラビルさんには申し訳ないが、昼寝などをしながらぼんやりと北知床岬の灯台を眺めていた。大変なのはラビルさん。一人補助モーターボートに乗り、我々が乗っている本体を牽引している。途中で給油作業をしながらの3時間余り、牽引作業をしてくれた。

北知床岬の先端部は、上が真っ平らで大きなマッチ箱のような形をしている。とにかく、灯台が遠くからでもよく見える。これは後から聞いた話だが、灯台は日本時代からのもので、今は使用されてないという。今は、隣にある建物（これも日本時代のものらしい）の屋根にライトを付けて灯台としているとのこと。

北知床岬が近づいてきた。崖しか見えない。一体どこか

北知床岬先端（テルペニア岬）

ら上陸するのだろうと思っていると、船は二つ岩を東側に回り込み、すると海岸に建物が並んでいるのが見えてきた。やっと上陸地点が分かった。しかし船着き場がない。北海道の知床岬の先端にはアブラコ湾という船着き場のようなものがあるが、ここ北知床岬にはそのようなものはない。海岸に近づくと2艘のゴムボートが近づいてきた。艀である。2人の若者（ラビルさんの2人の息子）が艀を横付けしてくれた。早速艀に乗り換えて上陸。ついに北知床岬の先端に上陸した瞬間だった。

昨年の白主でもそうだったが、小綺麗なダーチャのような建物の部屋に案内してもらう。船の故障が直らなければ、明日は陸路でポロナイスクへ戻る旨を聞かされる。

北知床岬先端東側

〈二つ岩は海鳥の楽園、先端部は手つかずの自然〉

まずエレーナさんが準備してくれていた長靴に履き替えて、二つ岩に向かった。事前に長靴が必要と言われていたが、ここで海に少し入るためだった。二つ岩の横を進むと二つ岩と二つ岩に面した崖は海鳥の楽園だった。頭上から落ちてくる糞に当たらないようにするのが難しいほど、大量の海鳥が巣を作っている。これまたびっくりである。そしてさらに驚かされたのは、オロロン鳥が巣を作っているし、エトピリカも確認できたこと。海鳥類にも無知な筆者でもすぐに分かった。オロロン鳥は、数年前に

上：北知床岬先端 二つ岩　中：二つ岩の海鳥
下：岬先端部の野鳥

知床岬と書かれた石板

エトピリカ

オロロン鳥

行った天売島では全く見ることができなかった。しかし、ここにはまだ多数いて巣を作っている。昔の北海道はこうだったのであろうと思うが、圧倒された。

　続いてマッチ箱状の上に登ってみる。小さければアイヌのチャシのような形である。登ってみると広い草原のようになっていて、高山植物だらけ。クロマメ等の実が食べ放題で、皆ビタミンの確保とばかりに食べまくっていた。先端部（二つ岩の手前）まで行くと、「知床岬燈……」と書かれた石板が転がっていた。よく見ると「八月十八日、石山……」という日付と個人名らしきものも判読することができた。もしかしたら知床岬灯台を意味するものかもしれないが、これが何を意味するものなのか分からなかった。ラビルさんも知りたがっていたようだが、「知床岬と日付が書かれているが何を意味するのか不明」とエレーナさんから伝えてもらった。

　どこからでも見える背の高い灯台は、近づくとやや傾い

上：岬先端部　中：岬先端部 下に二つ岩が見える　下：北知床岬先端基部

上：岬先端部高台　中：現在の灯台（屋根にランプ）　下：高台の下の居住区

ていた。中に入ると、らせん状の梯子が一部腐り落ちていて年月を感じた。昨年見たサハリン南部の灯台も荒れ果てていたが、いつ頃から使用してないのか分からない。近くにある日本時代からの建物（宿舎跡か？）も屋根にはライトが取り付けられていて、これは今でも灯台として使用されているという。

　アイヌはどこに暮らしていたのであろうか。我々が宿泊予定の下の海岸部であれば、水もあり魚もすぐ獲れるので海岸部であるとは思うが、マッチ箱状の上の台地も何かに使っていたであろう。海から敵が来るときの見張りには絶好だし、場合に

（右）上：三菱ジープ
　　　下：鯨の死骸
（中）上：鷲の巣の跡
　　　下：塹壕

よっては上でも生活していたのではないであろうか。どこかにその痕跡はないのだろうか。

下に降りると、ディナーではなくランチが待っていた。もう夕方の5時を回っていたので、夕食のつもりで日本から持ち込んだ日本酒を出した。ラビルさん夫婦は酒を好まないらしく飲まなかったので、エレーナさん、増田さん、大谷で鮭料理を肴に飲んだ。サハリンは鮭が豊富なので良い。ラビルさんの奥さんには、日本で買ってきたお菓子をプレゼントした。

食事が終わると4WD（三菱のジープ）で探検に出かけるという。夕方6時半頃だった。やはりまだランチが終わったところということだった。増田さんが助手席に乗り、エレーナさんと大谷は後ろの荷物置場に設置されている簡易的な横向きの椅子に座った。これが結構大変であるということがこのときに分かったが、この大変さを本当に味わうのは明日だった。

まず東海岸を北上した。羆の足跡が海岸には残っていたが、鯨の死骸もあった。鯨の死骸は松浦武四郎の記録にも出てくる。おそらく珍しいものではない。この辺りで海岸から内陸に入る。ジープの後ろに乗っていると手で支えなければならず大変だったが、内陸に入ると標高ゼロメートルでありながら高山植物とハイマツの世界。オオワシかオジロワシと思われる鷲の立派な巣の跡や日本時代の塹壕も見たが、特に日本時代の塹壕についてはどう理解してよいか分からなくなった。昨年は白主近くのクリリオン岬（西ノトロ岬）付近で日本時代の塹壕は散々見たが、北知床岬先端の近くにも日本時代の塹壕があることには驚いた。第二次大戦時に樺太を死守しようとしたときの遺物のようだった。

〈ついに出た！　羆〉

大きな鹿が出てきた。エレーナさんの解説では北鹿だったが、増田氏の説ではわざわざ連れてきたというトナカイである。確かにトナカイのように見えた。後で調べて分かったことだが、サハリン中～北部の先住民族ウィルタ（オロッコ）は冬～春までトナカイを使って移動していたとのことなので、不思議ではないことだった。我々4人は鹿に見とれていた。私は「こんなときに背後に何かが出てくるのではないか」という野生の勘のようなものが働き、時々後ろを気にしていたのだが、先に発見したのはやはり野生の感覚に最も長けているラビルさんだった。ラビルさんが大声を上げたので、振り返ると羆がいた。40～50m

トナカイ

ついに出た羆、やっと逃げてくれた

明らかにこちらを狙っていた

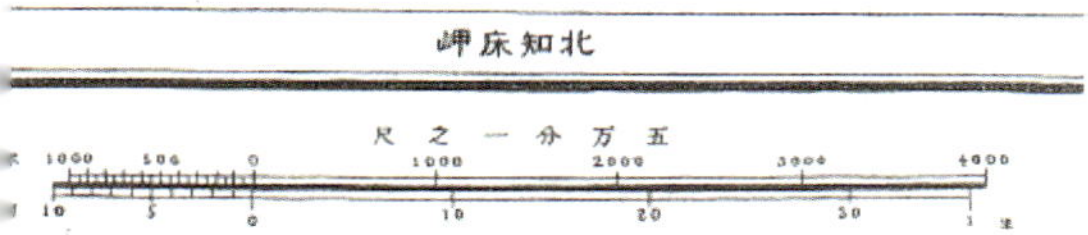

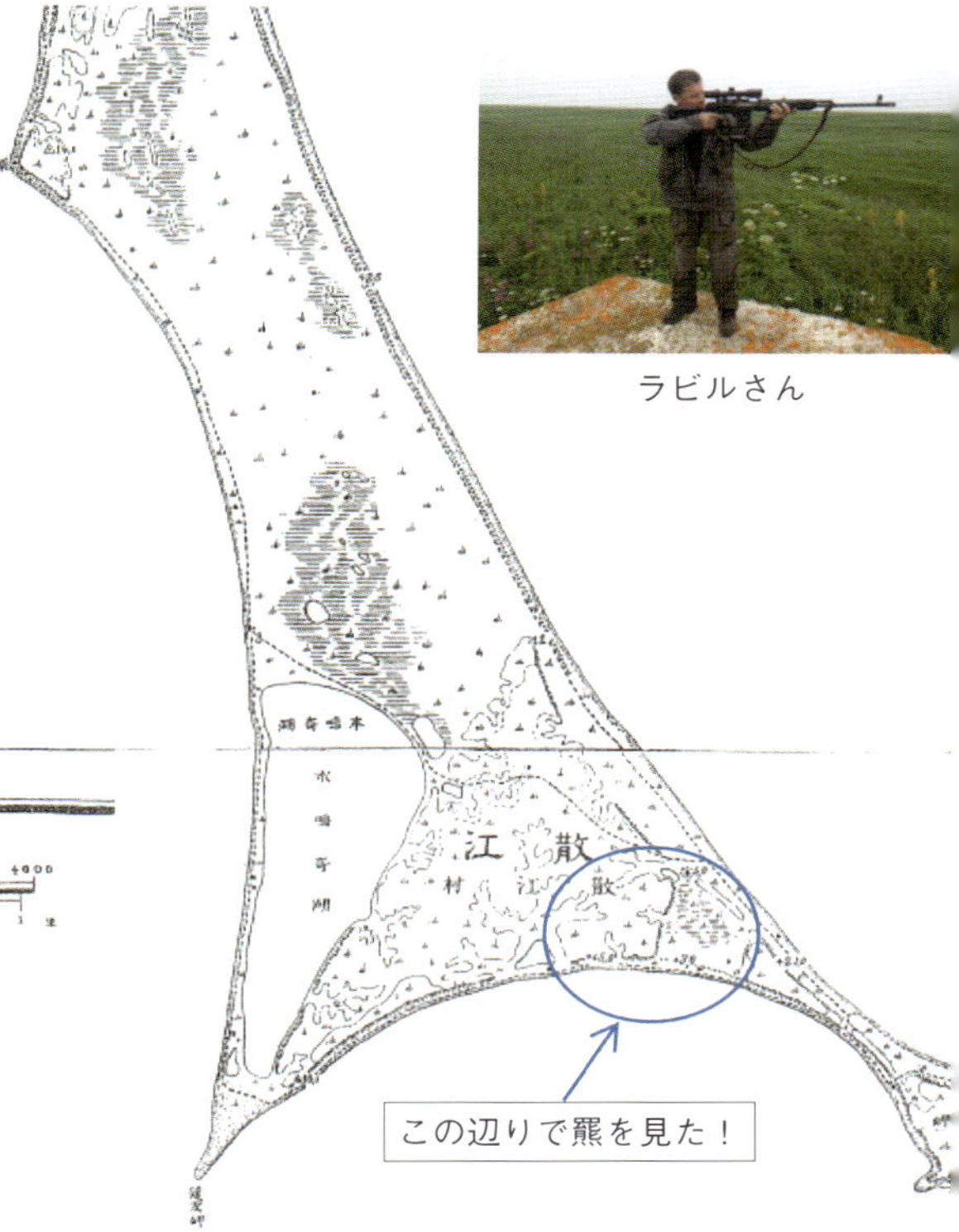

ラビルさん

まるで島のように見える岬先端部

上：誰かの墓　下：宿泊した部屋

くらいの距離だが、我々を狙っているようで近づいてくる感じだった。私はさすがに驚いたが、冷静に写真撮影をした。ラビルさんは声を出しても逃げて行かないのでライフルを上に向けて発砲し威嚇して大声を上げた。それでも羆は怯まないように見えたが、やがて逃げて行ってくれた。動画撮影もできたが、かなり怖い場面だった。今まで羆は知床、大雪、国後島で見たが、今回が最もやばい感じだった。さすがのラビルさんも動画を送ってほしいと言っていた。今回の羆は偶然出会ったのではない。我々を狙っていて近づいてきた羆である。

宿泊地に戻るとディナーが待っていた。さすがにもう食べられないので、また日本酒を飲みながら鮭を摘まんだ。ロシア人が大好きなサウナにも入った。今回の羆はラビルさん夫婦も驚いていた感じで、もしそうだとすればとてもラッキーだったと言わざるを得ない。アイヌは北知床岬の先端でもクマ送りをやっていたのかもしれないと思うと眠れない気分になったが、横になるとすぐに寝てしまった。シレトコとは、「陸路で近づくことが困難で東側にある」ということが必要条件なのではないかと思いながら床に就いた。

◆8・16（水）曇り

＊北知床岬（9：00）：4WD三菱ジープと2WDバギーで出発するが、2WDが砂の斜面を登れず引き返す。4WDのバギーに乗り換え再出発。（ジープ乗車：ラビルさん、増田さん、大谷、バギー乗車：ラビル氏の奥さん、エレーナさん）

北知床岬（10：35）―東海岸―内陸部（羆を見た辺り）―内陸部（岬から50㎞のハイマツ帯）―湿地帯（12：40／13：50）―西海岸・細い部分―漁業基地（保護区から脱出）―内陸部の人が駐在している小屋（15：40／16：05）―東海岸―ドーゴエ（岬から100㎞地点）：東海岸の半島基部で車を乗り換える（17：20／17：35）―北側を大きく廻りこみ南下―ポロナイスク（22：20）

ジープとバギーで出発

〈長くて苦痛な陸路での出発〉

朝食を8時半に摂り出発。陸路を行くので大変な一日になりそうなのは覚悟していた。三菱4WDジープにラビルさん（運転）、増田さん（助手席）、大谷（後部荷台の横向きの席、荷物と一緒）が乗り込み、バギーにはラビルさんの奥さん（運転）、エレーナさん

（後部）、修理が必要な船の部品（前に取り付け）という配置で出発した。

まず羆の足跡がある東海岸を進み、鯨の死骸のある辺りで内陸に入ろうとしたが、バギーが砂地の段差を越えられない。原因はバギーが2WDであるためらしく、急ぎ戻り、もう一台のやや古い4WDのバギーに乗り換えた。2WDだが、新しそうなバギーを選択したのが失敗だったらしい。

1時間半ほどロスしてしまったが、気を取り直して出発。今日の予定は、4WD＋バギー：5時間＋車を乗り換えて4時間＝合計9時間とのこと。ポロナイスク到着はかなり遅い時間になるだろう。

再出発してからは順調に進んだ。バギーもかなりのギャップを難なく乗り越えている。奥さんの運転

上：西海岸（女沼付近）　中・下：西海岸

上：高台（法華山付近）　下：高台から振り返る

高台へ

もなかなかのものだ。しかし大谷が乗った位置は、乗っているだけでとても疲れる場所だった。腕力は必要だし、荷物で足が動かせず膝を曲げたままの状態となるので、休憩時に車を降りると普通に歩けない状態になっていた。

まず東海岸から昨日羆が出た辺りの内陸部を通り、西海岸に出た。西海岸では岩がかなり露出していて、岩を人力でどかして通った難所もあったが無事通り抜け、再び内陸部に入った。ハイマツ帯に出る手前はかなりの急斜面で、運転手以外は皆車を降りて登った。ハイマツ帯に出たところで出発してから丁度50㎞ということで、随分来たものだと思ったがまだ先も長い。

〈泥濘にはまり立往生〉

ハイマツ帯の台地をハイマツを避けながら進むと、湿地となっている箇所が頻繁に出てくるようになった。とそのときだった。草でよく見えなかったのであろう。何と水が溜まっている窪地にはまってしまい、泥濘から出

上：立往生　下：再出発

られなくなってしまった。運転手以外全員降りて見守るがタイヤは空回りで、とても脱出できそうもない状況になってしまった。一瞬、ここでビバークかもという心配が頭をよぎった。

　脱出方法は我々日本人と思考がやや異なるようで、ウインチでの脱出に拘っているようだった。しかし運の悪いことに、近くに頑丈な木がない。ウインチを引っかけたところがぜい弱で、荷重に耐えられなかった。バギーでの牽引もうまくいかず、結局ワイヤーの先にロープを繋ぎ、かなり先のハイマツに引っかけてウインチで脱出することができた。気を悪くするとまずいので口を出さずに見守っていたが、脱出に成功したときは思わず「ハラショー」と叫んだ。1時間20分かかったが、ここでビバークしなくて済んだ。

〈東海岸の半島基部（ドーゴエ）を経由しポロナイスクへ〉

　この台地は所々湿地が現れるので慎重に進んだ。何と狸が出てきたりして驚いたが、羆でなくてよ

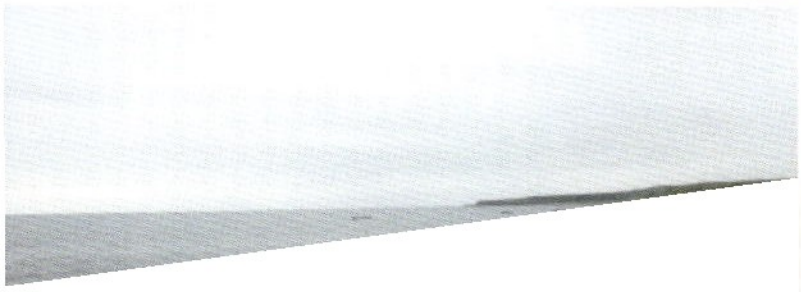

上：西海岸　下：漁業基地

上：狸も出た　下：高台を行く

かった。ここは人の侵入も制限しているようなので、野生動物の宝庫なのであろう。

やがてまた西海岸に降りて半島の細い部分を快調に進んだ。そして再び内陸に上がり西海岸に戻ると、漁船が多数繋がれている漁業基地（建物もある）のようなところに出た。保護区の厳しい区域を出た証だった。ここからは林道があり、それを内陸部に進むと小屋に出た。人が常駐しているらしく、犬もいた。

ここで昼食とのことで車を降りたが、膝が限界に近くすぐに普通に歩けなかった。しかしありがたい休憩だった。パン、チーズ、イクラ、ハムを食べて出発した。林道は荒れていたが、今度は東海岸の砂浜に出た。ここは快適で、しばらく進むと暇を持て余したらしくブラブラしている次の車の運転手と合流することができた。

４ＷＤとバギーはここドーゴエ（ロシア地図には地名がないがエレーナさんは「ドーゴエ」と言っていた、樺太地図では「茂泊」の辺り）に置いていくとのことで、ラビルさん夫妻も５人乗りのランクルに乗り込み、総勢６人でポロナイスクを目指した。この車では助手席に乗せてもらい、楽をさせてもらった。道は舗装道路ではないがスピードが出せるとても良い道で、天国のようだった。他に車をほとんど見なかったが途中検問があるところを見ると、まだ立ち入りが制限されている区域のようだった。ルートは、自分も持ってきていたGPSからすると、北側を回り込みやがて幹線道路に出て一気に南下した。幹線道路に出る前に鉄道の線路を4〜5回横断したことから、ポベディノ辺りに出たものと思われた。GPSデータから通った大体の位置は次頁の図の通りである。

ポロナイスクには夜10時に着いた。結局12時間かかった（4WD＋バギー：100km＋普通車：280km＝380km）。

北知床岬の遠さを身を持って思い知る旅となった。やはりここが「シンノシレトコミサキ」ということか。たった2日間だったが、目的は十分達成できた。充実した2日間だった。お世話になったラビルさん夫妻とはホテルの前で別れた。

東海岸・ゴール近し

ポロナイスク自然保護区：ほぼ半島全域（タライカ湖付近から北知床岬先端まで）
特に漁業基地のあったところから奥が厳しいらしい
今回の移動距離：行き ポロナイスク〜海豹島〜北知床岬＝170km
帰り 北知床岬〜ドーゴエ（100km）＋ドーゴエ〜ポロナイスク 北側大回り（280km）＝380km

◆8・17（木）曇り時々晴れ

ポロナイスク（10：00）―大鵬モニュメント（10：10）―マカーラフ（知取）知取神社（11：00／11：20）―ヴァストチヌイ（元泊）・昼食（12：00／12：30）―ヴズモーリエ（白浦）・東白浦神社（13：10／13：45）―ユジノサハリンスク（15：10）

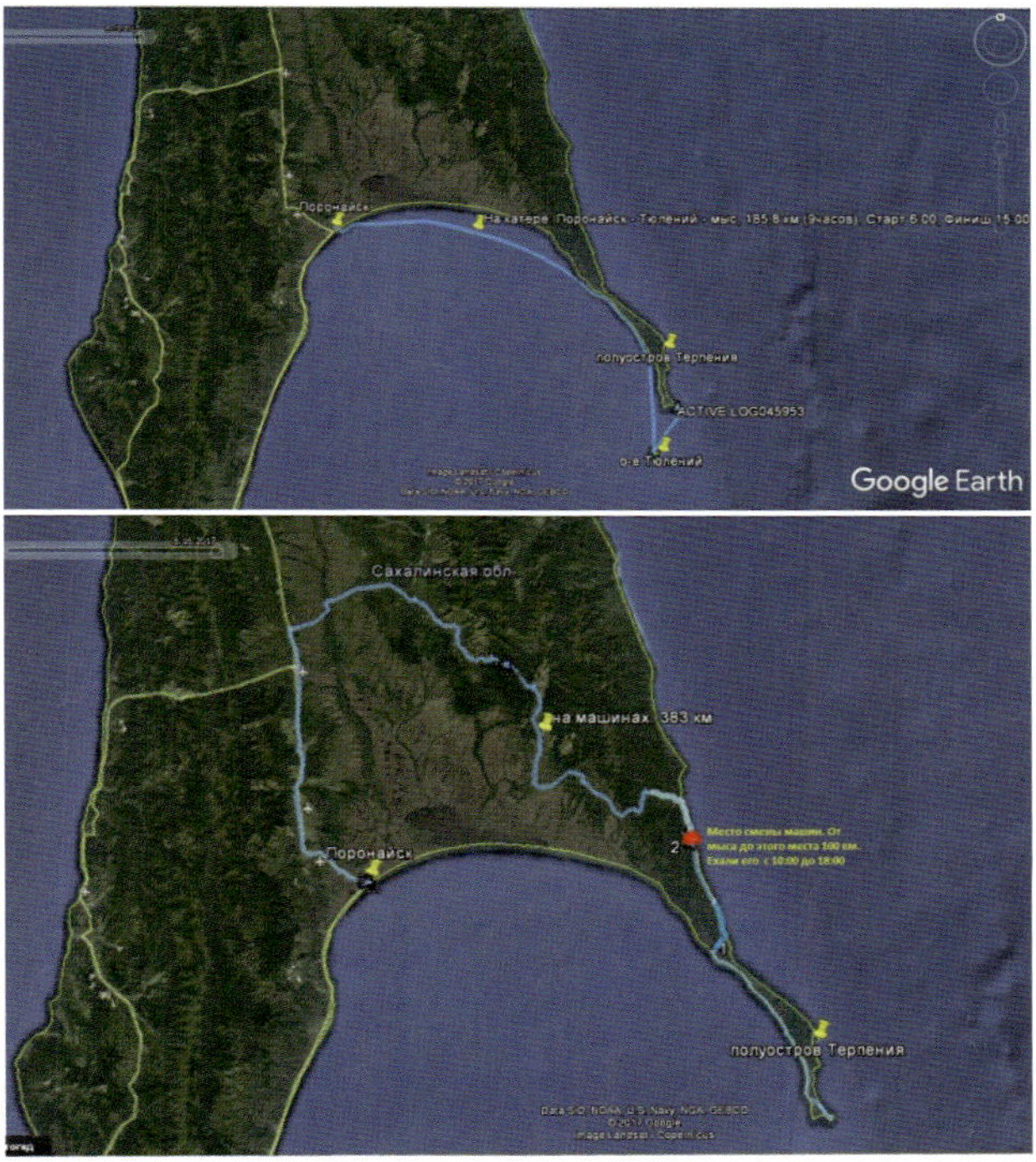

Google Earth より

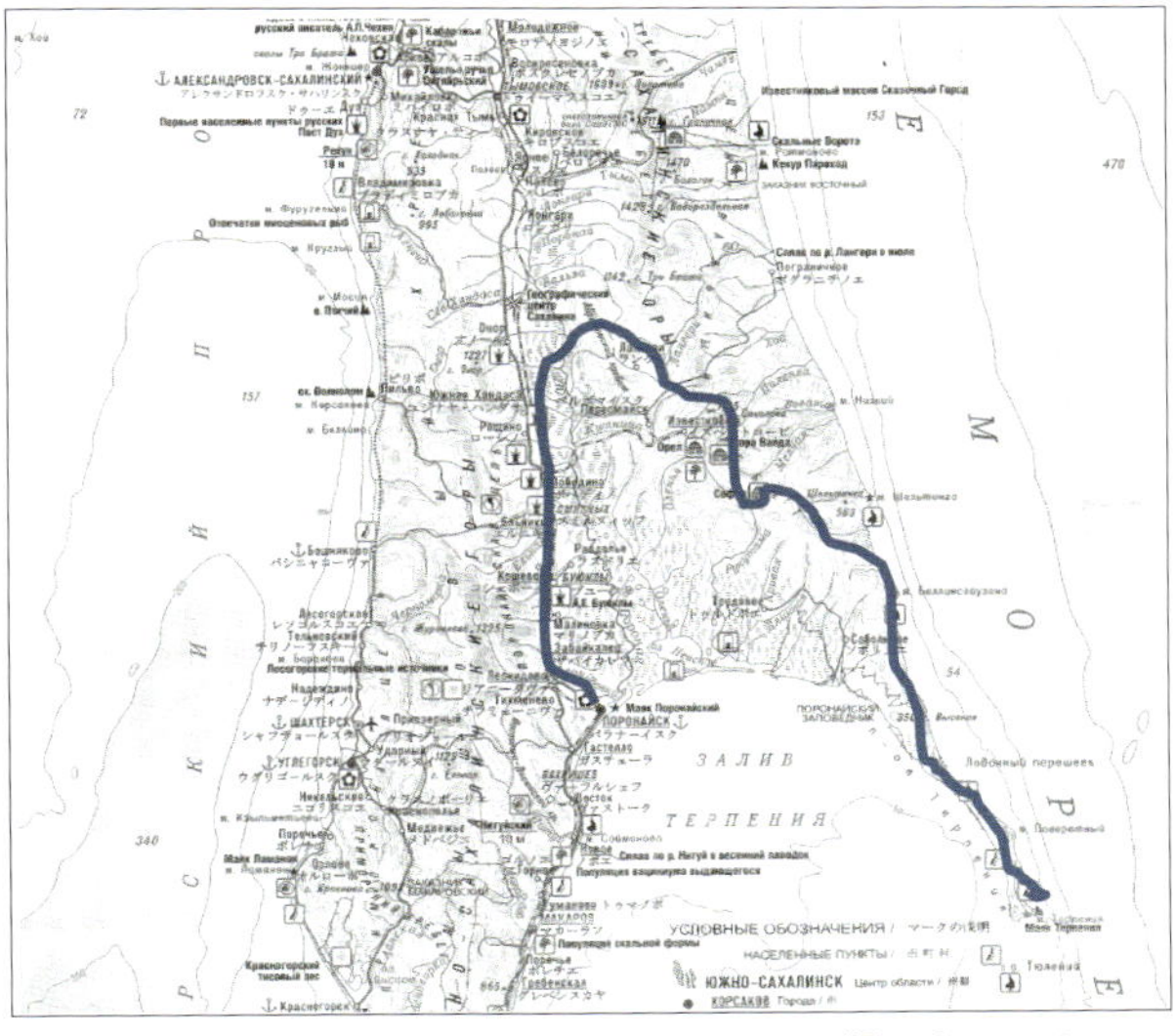

通ったルート

今日はユジノサハリンスクへ行くのみ。まずポロナイスクで敷香生まれの大鵬関のモニュメントを見る。途中、エレーナさんの機転で日本時代の神社跡を見ながら行く。知取神社では王子製紙工場跡もよく見えた。東白浦神社では鳥居も残っていた。日本時代の痕跡は結構残っている。

昼食時には久しぶりにビールを飲んだ。ボルシチ、ハンバーグライス、チーズケーキのようなデザートを食べた。ユジノサハリンスクのガガーリンホテルでエレーナさんと別れ、夕方、宮西さんの店「ふるさと」に行ってみたが、宮西さんは忙しくゆっくり話はできなかった。元気そうだったのが分かってよかった。

上：大鵬像
中：知取・王子製紙跡
下：東白浦神社

◆8・18（金）晴れ

ユジノサハリンスク（8：00）―コルサコフ港（8：45／10：30）―稚内（12：35）

船に乗った人はほとんどがロシア人で、日本人は少なかった。船は小型なのでよく揺れたが、なぜか30分早く出航したので早い時間に着いた。中知床岬を見たかったが、航路がクリリオン岬（西能登呂岬）沖だったので昨年行ったクリリオン岬はよく見えた。海から見ると面白い形をしている。隣の中知床岬より特徴的なのではないか。中知床岬の件は来年に持ち越したい。

クリリオン岬

（4）終わりに

北知床岬に行ってみて実感したことは、確かに先端部は遠く、後から「シンノシレトコミサキ」と呼ばれた意味が分かるような気がした。

また先端部は大きなマッチ箱のような形で、アイヌのチャシの巨大なものという感じに見えた。ほとんどが崖で、先住民も今小屋のある先端部の東海岸やそのような場所に居住していたのではないかと思われた。おそらく先住民も船を使って生活していたと思う。湧水はあるようだが沢はない。沢は半島の

中部～基部に行かないとない。しかし、先端部の二つ岩付近には鱒のような魚が多数いた。魚を獲るには困らないと思われる。
　縄文人が最初住んでいてシレトコと呼ばれていたか不明だが、ある時期からはウィルタ（オロッコ）が、そしてオホーツク人が住んでいたのではないか。そしてその後オホーツク文化を吸収したトビニタイ文化アイヌが来て住み着き、確実にシレトコと呼ばれるようになったのではないかと勝手に想像している。
　多くの動物や魚や高山植物が見られたが、昔とそう大きく変わってないのではないかと思う。海鳥の数はものすごかったし、オットセイも沢山いる。そして羆もいた。高台のどこかでアイヌはイオマンテ（クマ送り）をやっていたのではないか。この岬はアイヌにとって特別なものなのではないかと思えた。
3つの知床岬の共通点は、どこも先端まで陸路では行きにくいところであり、中でも北知床岬は最も遠いところである。

日本人で北海道の知床が好きな人は沢山いる。知床に旅で訪れて住み着いた人もいる。しかし日本人の知床が好きな人が、どれだけサハリンの知床岬のことを考えたことがあるであろうか？　それもアイヌの視点で。

アイヌは今の国境などは勿論関係なく生きていた。北海道を中心にサハリン南部、千島列島、日本の東北地方までを生活圏としていた。その視点で知床岬を考える必要があると初めて気付かされた。その視点で北知床岬を振り返ると、想像を超えたところであることは間違いないと思った。来年、中知床岬に行ってこのことを確かめたいと思う。

〈地形図〉

假製版（本圖ハ當部正式ノ製版ニ先タチ速ニ一般ノ需用ニ供スル爲メ地形測量原圖ノ假製版ニ附シタルモノナレハ圖畫ノ不鮮明ナ免レサルモノトス）

五万分一地形圖　北知床岬五號

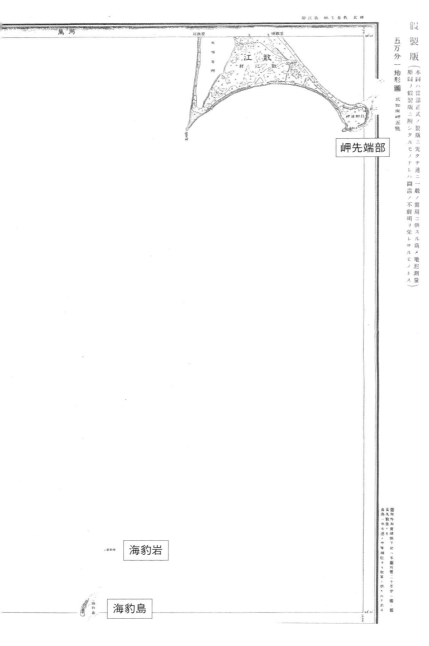

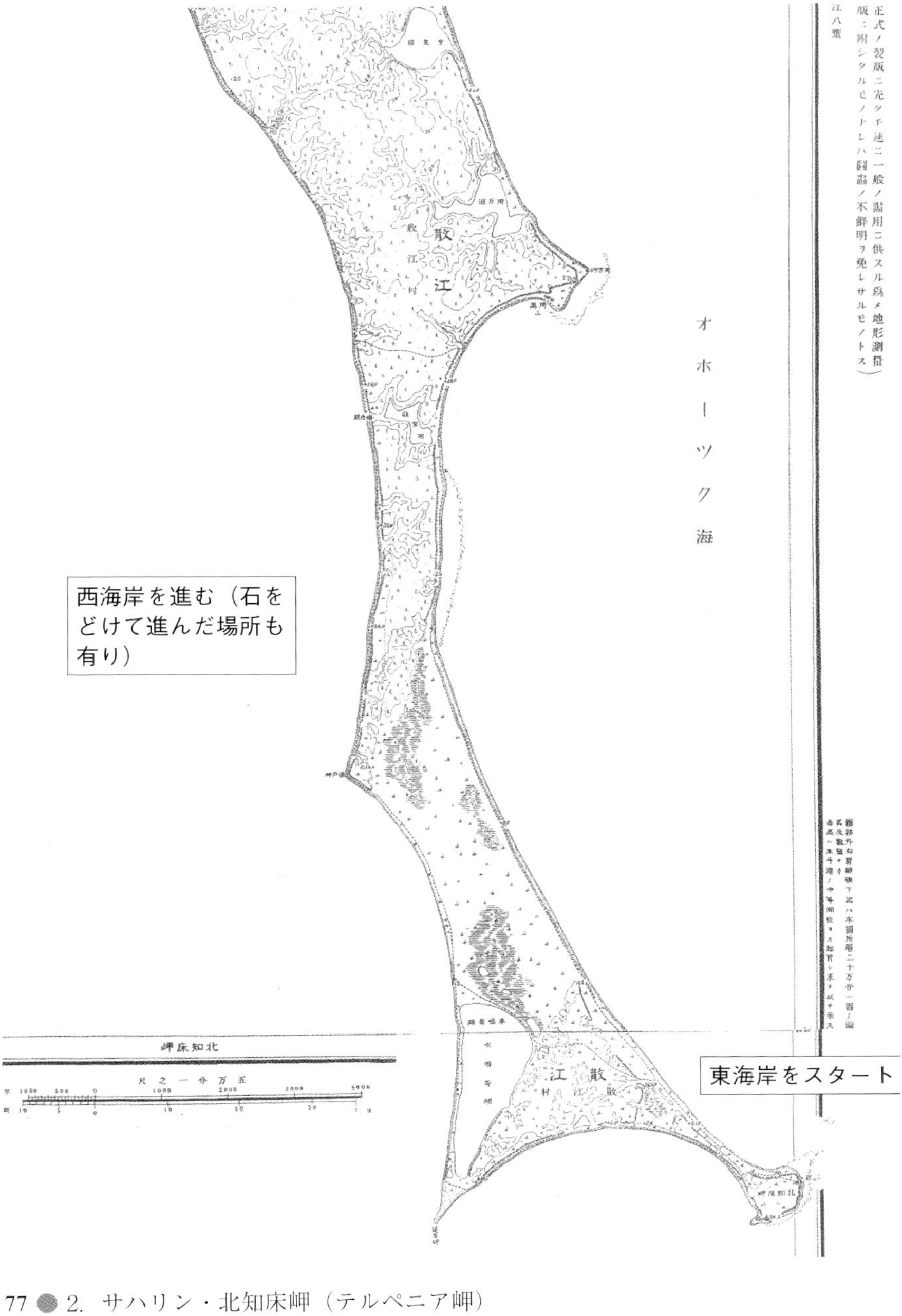
正式ノ製版ニ先タチ速ニ一般ノ需用ニ供スル爲メ地形測量原版ニ附シタルモノナレハ圖譜ノ不鮮明ヲ免レサルモノトス
オホーツク海
散江
散江村
西海岸を進む（石をどけて進んだ場所も有り）
東海岸をスタート
北知床岬
五万分一之尺

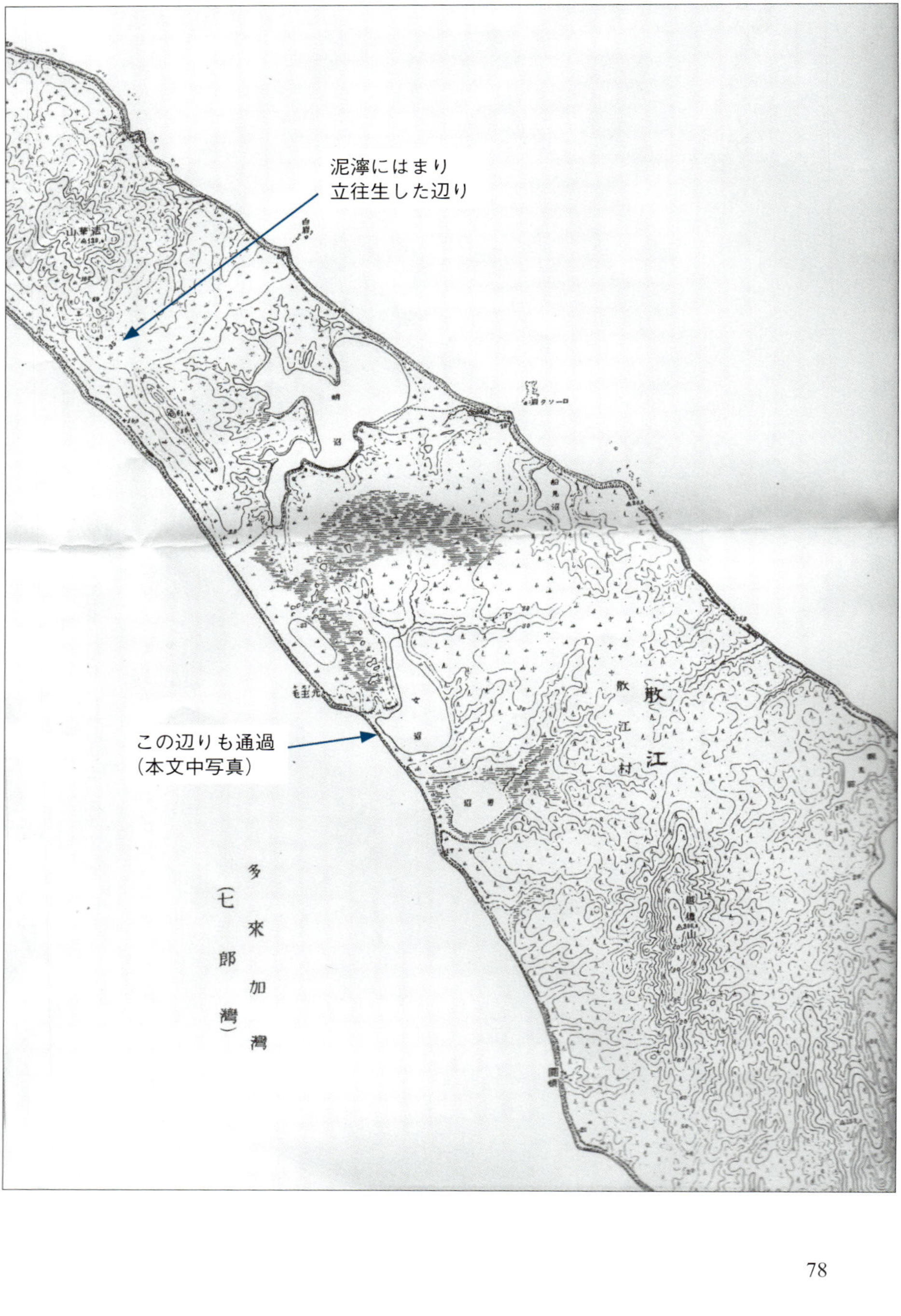
泥濘にはまり
立往生した辺り
この辺りも通過
（本文中写真）
敷江
敷江村
多來加灣
（七郎灣）

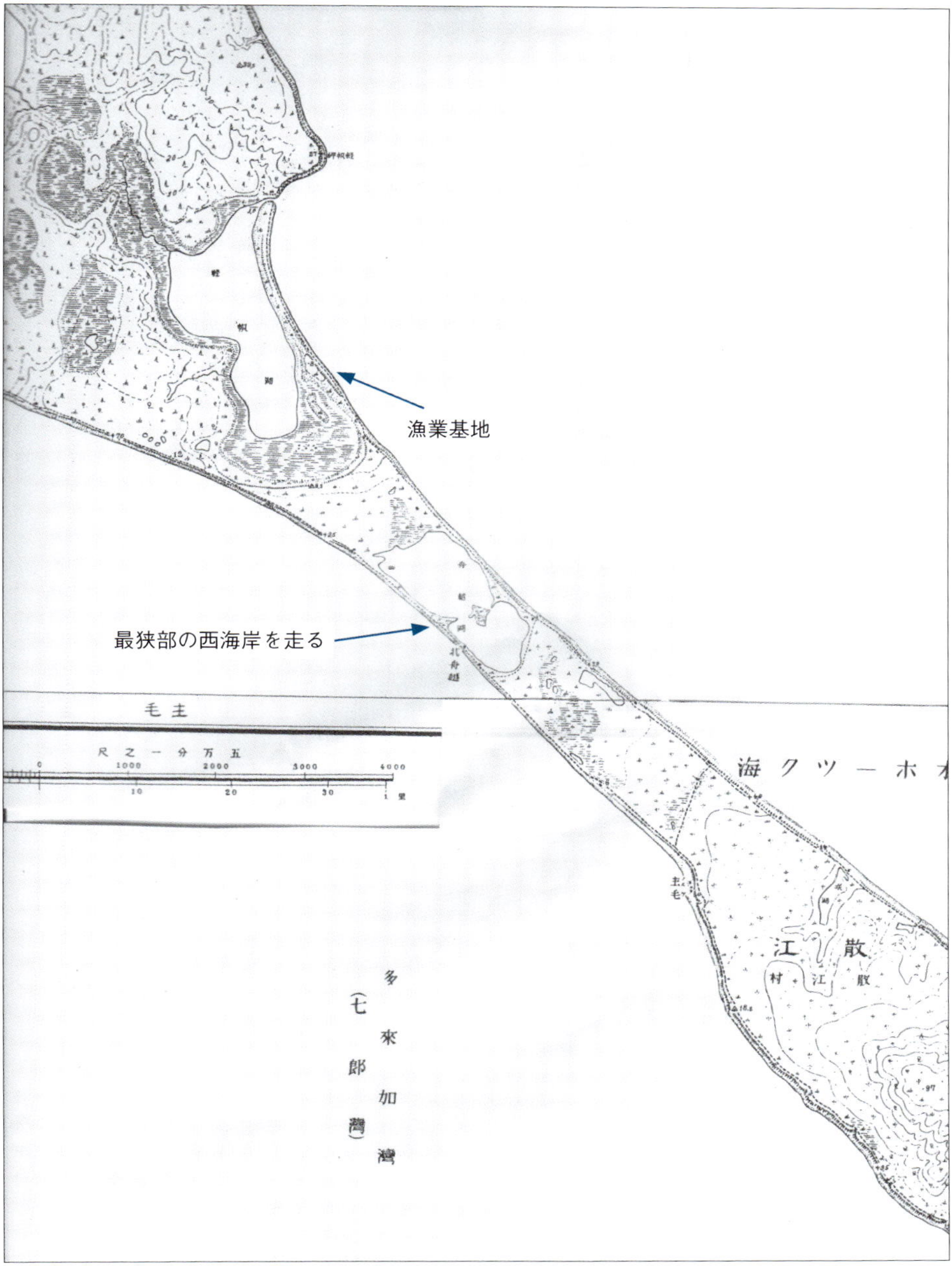
漁業基地
最狭部の西海岸を走る
主毛
五万分之一尺
0 1000 2000 3000 4000
10 20 30
海クツーホオ
散江
散江村
多來加灣
（七郎灣）

サハリン南部全体図

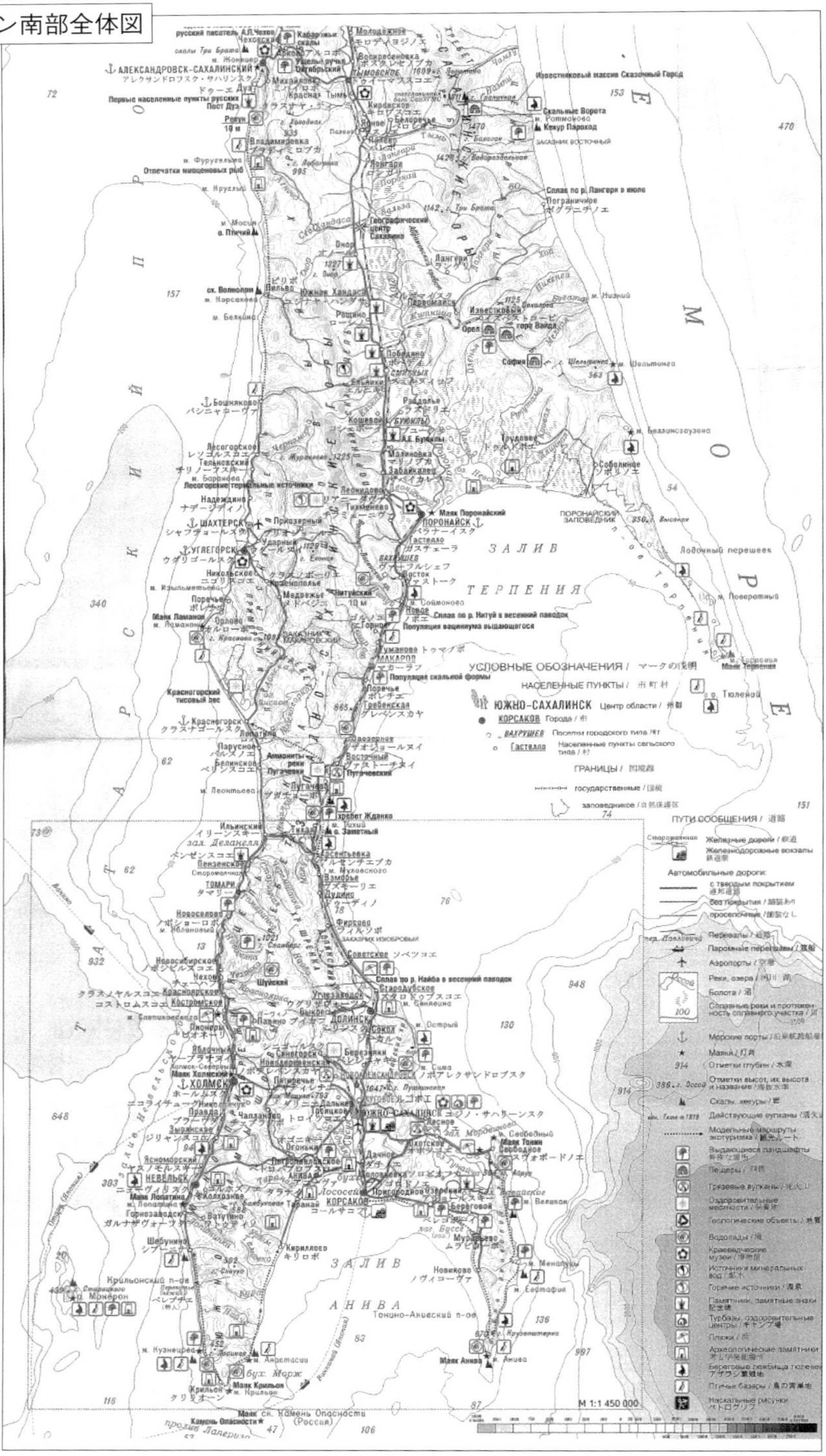
АЛЕКСАНДРОВСК-САХАЛИНСКИЙ
アレクサンドロフスク・サハリンスク
ПОРОНАЙСК
ЗАЛИВ ТЕРПЕНИЯ
УГЛЕГОРСК
ШАХТЕРСК
МАКАРОВ
ТОМАРИ
ХОЛМСК
НЕВЕЛЬСК
ДОЛИНСК
ЮЖНО-САХАЛИНСК ユジノ・サハリーンスク
КОРСАКОВ
ЗАЛИВ АНИВА
УСЛОВНЫЕ ОБОЗНАЧЕНИЯ / マークの説明
НАСЕЛЕННЫЕ ПУНКТЫ / 市町村
ЮЖНО-САХАЛИНСК Центр области / 州都
КОРСАКОВ Города / 市
ГРАНИЦЫ / 国境線
ПУТИ СООБЩЕНИЯ / 道路
M 1:1 450 000

3. 中知床岬

1. 西能登呂岬と鈴谷岳

＊白主：江戸時代の日本からの玄関口（間宮林蔵、松田伝十郎、松浦武四郎等も稚内から渡った）
＊鈴谷岳（チェーホフ山：１０４５ｍ）：ユジノサハリンスクの山

前にも述べたが、中国の文献にサハリンのアイヌ民族が登場するのは13世紀からである。中国の史書『元史』によれば、１２６４年、モンゴル帝国に所属していたサハリンのニブヒの吉里迷（ギリミ）はアイヌの骨嵬（グウェイ）に毎年襲われていると元朝に救援を要求したところ、フビライがモンゴル軍を派遣し、アイヌの骨嵬（グウェイ）を征したという。そのときの土城の１つが白主にあったとされている。『サハリン 松浦武四郎の道を歩く』によると、１２８１年（弘安４年）の元軍の２回目の遠征から１３０８年（延慶元年）に完全に元軍に屈するあたりまでのものらしい。白主は江戸時代の日本人の探検家が拠点としたところで有名だが、サハリンアイヌにとっては元に屈した場所の１つであったらしい。

実際に行ってみると、土城の痕跡はよく分からなかったが、北海道や利尻島の近さが実感でき人間が住みやすそうであることはよく分かった。和人が入る前はサハリンアイヌの世界であったのであろうと思われる。

ここでは２０１６年に白主を訪れたときの記録を記す。鈴谷岳はこのときの旅の終わりに訪れたもので、西能登呂岬にはあまり関係ないが、当然アイヌも登っているであろう。一緒に紹介することにする。

р. Рифянка
Хвостово (нежил.)
51а
50
г. Дубинка
229 г. Плоская
195 г. Зоя
323 г. Могучая
281 г. Утес
255 г. Круглая
ЮЖНО-КАМЫШОВЫЙ ХРЕБЕТ
скалы Хирано
г. Конабеевка 300
м. Конабеевка
290 г. Кузнечная
225 г. Соня
272 г. Поддубная
г. Сторожевая 335
ур. Калиновка
345 г. Щорса
Атласово (нежил.)
м. Анастасии
г. Бухта
209 г. Чкалова
БУХТА МОРЖ
215 г. Высокая
320 г. Дальняя
м. Майделя
Крильон
100 г. Конечная
м. Кострома
м. Крильон
Сирануси

(1) はじめに

2014年8月にサハリン北部の探検を行ったが、南部も未知の世界である。しかも日本には江戸時代から縁が深く、またアイヌの地域とも言える世界である。2014年に、稚内からコルサコフ(大泊)に渡る船上から眺めたサハリン最南端の岬、その手前の歴史の地である白主を目指した。

この地域も戦後の旧ソ連時代は国境警備隊が配備されていたこともあり、一般人が入れなかった時代が続き、ゴルバチョフ大統領のペレストロイカ以降の1990年代にやっと入れるようになったらしい。1997年発行の相原秀起著『新サハリン探検記』、梅木孝昭著『サハリン 松浦武四郎の道を歩く』にこの地域に陸路で入った記録が残されているが、悪路のためかなりの苦労を強いられている。しかも白主には到達しているが、クリリオン岬の先端には当時の規制のため到達できてない。しかしこの時代から既に20年経っているので規制や悪路も改善されていることを期待し、我々はこの2つの記録を参考に日本時代の地形図を見ながら旅を進めることにした。因みにこの2つの文献は出版された頃に入手し読んでいたのだが、すっかり中身を忘れていたので出発前に読み直した。

チェーホフ山(鈴谷岳、1045m)は決して標高の高い山ではないが、ユジノサハリンスクが豊原と呼ばれていた時代から日本人に親しまれていた山である。流刑地だったかつてのサハリンを旅したロシアの文豪チェーホフに由来する。日本時代の資料には高山植物も多く「北方の名山」とされ、戦前は豊原の学生たちにとって鈴谷岳登山は年中行事だったという。

サハリン最高峰のロパチナ山(1609m)は、何度か計画しようとしたことがあるが、羆の危険が高く難しい山となってしまった。サハリンの山にはまだ登ったことがないので、まずはチェーホフ山を登ってみることにした。

またチェーホフ山の隣にほぼ同じ標高のプーシキン山があり、プーシキン山が鈴谷岳と間違われることもあるようだ。私もある文献では鈴谷岳＝プーシキン山というものを見たので、プーシキン山＝チェーホフ山（2つの呼び方がある?）ではないのかと思ったりもしたが、今回チェーホフ山（鈴谷岳）とプーシキン山は別であることもはっきりと分かった。

今回の成果は、目的である白主、クリリオン岬到達、チェーホフ山（鈴谷岳）登頂が叶ったこと、さらに約20年ぶりに宮西ユジノサハリンスク名誉市民（約20年前にサハリン経由で北方領土探検を試みたときお世話になった人で、当時はサハリンサッポロホテル副社長）にお会いし、話をお聞きすることができたことである。

(2) メンバー

大谷和男、増田宏

（3）行程

	行程	宿泊
8/6（土）	新千歳空港（19：00）→ユジノサハリンスク（22：20）	ガガーリンホテル
7（日）	ユジノサハリンスク→ ネベリスク（本斗）→ゴルノザボーツク（内幌）→（砂利道）→シェブーニナ（南名好）→（海岸沿い約43km）→クズネツォバ（宗仁）→クリリオン（白主）→クリリオン岬（西能登呂岬）→クズネツォバ（宗仁）	簡易ロッジ（バーニャもあり）
8（月）	クズネツォバ（宗仁）→シェブーニナ（南名好）→ゴルノザボーツク（内幌）→ネベリスク（本斗）→ユジノサハリンスク	ガガーリンホテル
9（火）	チェーホフ山登山、博物館見学	ガガーリンホテル
10（水）	ユジノサハリンスク（13：00）→新千歳空港（12：20）	

（4）行動記録

2016・8・6（土）晴れ　**＊日本との時差：2時間**

＊大宮（8：44）―新函館北斗（12：22／12：34）―南千歳（15：30／15：39）―新千歳空港（15：42）

新千歳空港（19：10）―ユジノサハリンスク（22：40／23：00）―ガガーリンホテル（23：20）

今回の旅は当初１人で計画を進めていたが、増田さんから「行きたい」との連絡があり２人で行くことになった。増田さんとは２０１４年のサハリン北部探検以来だ。出発までは参考文献を読み直し、国会図書館へ行って日本時代の地形図のコピーを入手する等の準備を行った。20万分の１のロシアの地図に比べると5万分の１の日本時代の地形図は細部が分かり、入手できたことに満足した。

２０１４年は稚内からサハリンのコルサコフまで船で渡ったが、その後その船会社での運航は中止となり、丁度この出発日のあたりはロシアの会社が新たに運行を開始したばかりのタイミングだったが準備段階では間に合わず、今回は新千歳空港から飛行機で行くことにした。今年運行が開始した北海道新幹線を使って新千歳空港に向かう。

新千歳空港のオーロラ航空のカウンターで増田氏と合流後、出国手続きをして搭乗を待っているときのことだった。どこかで見たような人が、自分の前の椅子で外国人と話していた。出発前にネットで見た宮西さん（約20年前の国後島、択捉島渡航時にユジノサハリンスクでお世話になった現ユジノサハリンスク名誉市民）に明らかに似ている。搭乗時間となり席を立ったとき、思い切って声をかけてみると確かに宮西さんだった。当然、宮西さんは私の顔など覚えているはずもないので、「昔、北方領土へ行ったときにサハリンサッポロホテルでお世話になりました」と挨拶した。宮西さんは「今名刺を持ってないので後ほど」と言いながら飛行機に乗り込むまでの間、名誉市民の話や「ふるさと」（宮西さんの日本食レストラン）の話、ユジノサハリンスクの現在の治安の話などをしてくれた。宮西さんも現在

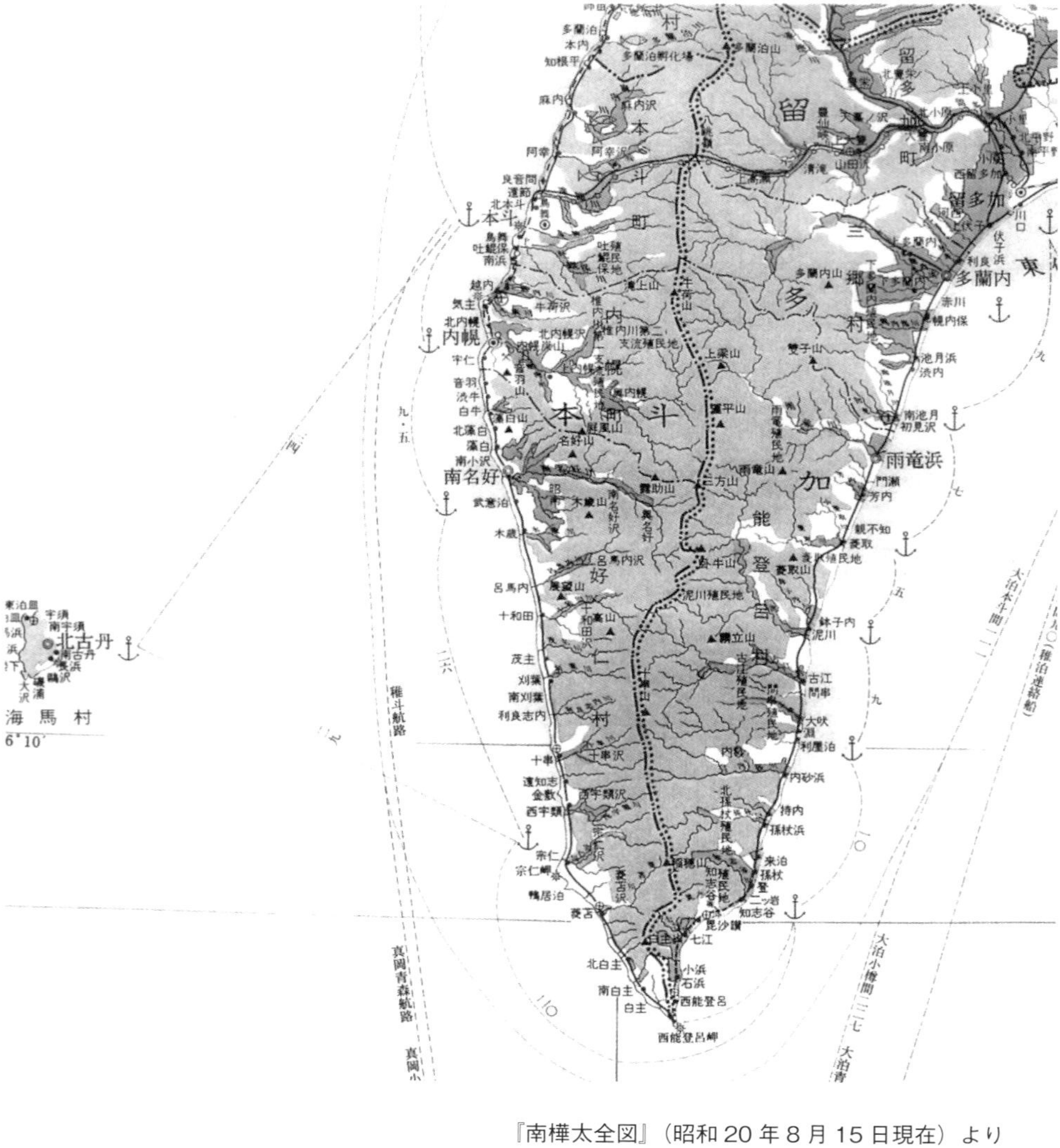

『南樺太全図』(昭和20年8月15日現在)より

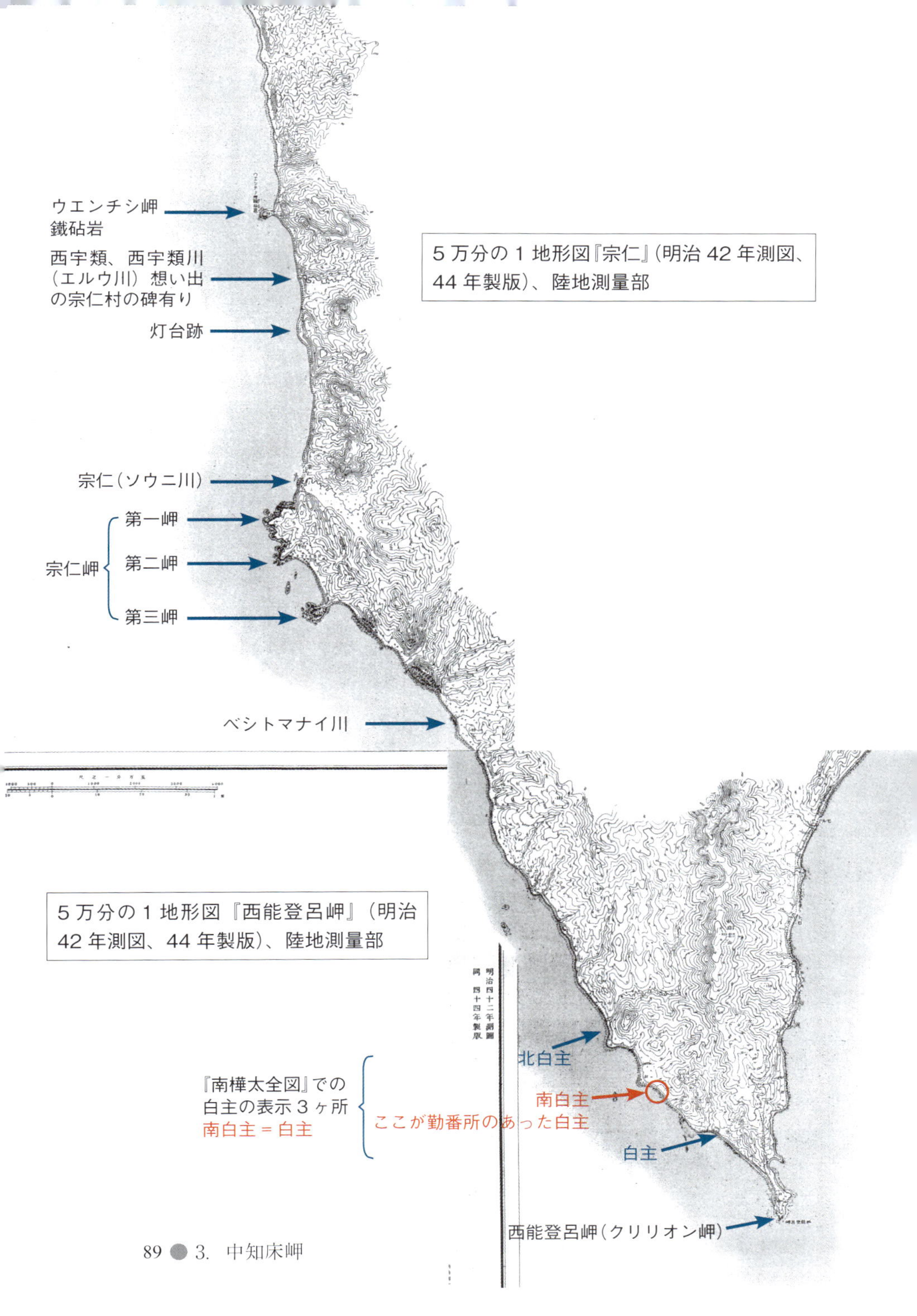

5 万分の 1 地形図『宗仁』（明治 42 年測図、44 年製版）、陸地測量部

5 万分の 1 地形図『西能登呂岬』（明治 42 年測図、44 年製版）、陸地測量部

クリリオン岬（西能登呂岬）、遠方には宗谷岬

はガガーリンホテルに住んでいるというのを聞き、驚いた。２０１４年のときは時間がなかったが、今回はぜひとも時間を作ってお店に行くと伝えて別れた。

空港に着くと迎えが来ていた。宮西さんの姿は見かけなかったので、すぐにガガーリンホテルへ向かった。ホテルに着くとチェックイン後、ビールをフロントに頼んで部屋で飲んで寝た。明日の出発時間は早い。天候が心配なため、９時出発が７時出発に変更となっていた。

8・7（日）　曇り時々晴れ（一時雨）

＊ガガーリンホテル（7：20）―ネベリスク（本斗（ホント））（8：50／9：05）―ゴルノザボーック（内幌（ナイホロ））―シェブーニナ（南名好（ミナミナヨシ））（9：45）―ペレプッティエ（十和田）―ウエンチシ岬・鐵砧岩（カナシキイワ）―クズネツォバ（宗仁（ソウニ）・ソウニ川）（11：50／13：10）―クリリオン（白主）（14：30／15：00）―クリリオン岬（西能登呂岬）及びその周辺（15：15／16：00）―クズネツォバ（宗仁（ソウニ）・ソウニ川）（17：10）

＊ウエンチシ岬・鐵砧岩：『南樺太全図』（昭和20年8月）では金敷と記載

今日は天気が良くないことが前提で出発したが、結論から言うと時々晴れ間も出るまずまずの天気で視界も良好な一日だった。利尻島、宗谷岬、ノシャップ岬まで望むことができて、白主、クリリオン岬の先端まで到達することができたラッキーな一日となった。

それにしても今回のキーマンの運転手サーシャ アレキサンドル（SASHA ALEKSANDOR）には驚いた。7時出発なので我々は7時10分前にチェックアウトを済ませ、ホテルのフロントで待っていた。しかし、なかなか運転手が来ない。すると7時20分にフロントに電話がかかってきた。電話に出たフロントの女性の話の感じで、運転手からの電話だと思った。フロントの女性は電話を切ると、英語で「外のジープに行くように」と我々に伝えた。おそらく運転手は我々がチェックアウトする前に既に来ていて、外で待っていたと思われる。ロシアは昔と明らかに違って、時間を守る国になっている。確かに２０１４年に来たときもそうだった。約20年前は時間のトラブルは当たり前だったが、今は違う。

ネベリスクのスーパーマーケット
ドライバーのサーシャ

我々は外へ出てジープのところへ行き、30～40歳代と思われる運転手に挨拶した。しかし、運転手は名も名乗らず荷物を積んで出発した。ロシア人は人懐っこい人が多いという印象だが、このロシア人は時々いる超まじめの堅物かもしれないと思った。

しかし、しばらく走るとその誤解は徐々に解けていった。買い物をする予定のネベリスク（本斗）に着くまでに、お互いに名前も言い、僅かな英語で話もする関係になれた。

〈ネベリスク～ウエンチシ岬・鐵砧岩まで〉

ネベリスク（本斗）には1時間半ほどで着く。スーパーでビール、ウォッカ、水を買い込み長旅に備える。ここは既に西海岸の町で、何気なく海を眺めると曇り空にもかかわらずモネロン島（海馬島）らしき島が見えた。サーシャに聞くと確かにモネロン島だった。大韓航空機撃墜事件時に有名になった島で、約20年前に北方領土遠征に来たときも暇を持て余していたときにネベリスクまで連れてきてもらい、そのときに初めて見た島だが、とても気になる島だった。しかしこの島に行ったという話は聞いたことがない。後で宮西さんに聞いたところでは、軍関係者しか住んでない島で定期便もなく行くのは難しいとのことだったが、このときは「一度行ってみたい」と島を眺めながら思った。

帰国後ネットで調べると、アイヌは海馬島を「トドモシリ（トドの島）」と呼び、元禄13年（1700年）の『松前島郷帳』には「いしよこたん」と記されており、ロシアでは探検家のラ・ペルーズが「モネロン」と名付けたとある。また2013年の記事で遊行記のようなものが見つかった。行けないことはないのかもしれない。

ネベリスクを出てもしばらく舗装道路が続いた。途中ゴルノザボーツク（内幌）という小さな町に少し立ち寄った。ここも日本の公団住宅のようなロシア特有の集団住宅が建っており、バス停でバスを待

上：モネロン島
下：ゴルノザボーツク（内幌）

つ人がいた。

ここを出てシェブーニナ（南名好）を過ぎると、いよいよ道は砂利道になった。海岸にはテントが目立ち始め、短い夏を楽しむロシア人たちが見られた。海に入っている人もいた。そしてペレプッティエという辺りから、ついに砂浜の海岸に出た。ここでサーシャは悪路用にタイヤの空気圧を下げた。ペレプッティエというところは、日本時代の地図『南樺太全図』と照らし合わせてみると十和田というところと思われる。戦前の日本領時代に十和田から来た人たちが住んでいたところなのかもしれない。

ここからは海の向こうにモネロン島を見ながら砂浜をひたすら進む。いくつもの川も渡渉した。すると象徴的な形のウエンチシ岬・鐵砧岩が前方に見えてきた。ウエンチシ岬・鐵砧岩までの『南樺太全図』にある地名・川の名前を拾ってみると、茂主（茂主川）、刈葉（刈葉川）、南刈葉、利良志内（利良志内

上：ペレプッティエ（十和田）
下：ウエンチシ岬・鐵砧岩（金敷）

川）、十串（十串川）、遠知志（川はあるが名前なし）、金敷。5万分の1地形図では、金敷はウエンチシ岬・鐵砧岩と記載、十串川はロクシナイ川と記載されている。また、十串には駅逓の印があることが興味深い。駅逓とは駅逓所のことで、北海道では多く「人馬継立、宿泊、貨物の運送や郵便物の取り扱いをするところ（旅館＋運輸＋郵便の機能）」といった意味合いらしい。地図を見るとクリリオン岬までの間にある駅逓は、ウエンチシ岬・鐵砧岩（金敷）の手前の十串と菱苫（宗仁と北白主の間）の2ヶ所である。クリリオン岬周辺ではオホーツク海側に2ヶ所（西能登呂、毘沙讃）あり、モネロン島（海馬島）にも一ヶ所ある。

十串は駅逓であったということからすると、それなりの集落だったのではないかと思われるが、全くそのような面影は残ってなかった。全く素通りしてウエンチシ岬・鐵砧岩に着いた。この先の宗仁の先の菱苫も全く分からなかった。

〈ウエンチシ岬・鐵砧岩（金敷）〉

ウエンチシ岬にある鐵砧岩は、とても象徴的な形をしている。知床に行ったことがある人なら分かると思うが、知床・ウトロのオロンコ岩のように初め見えた。しかしよく見ると、もっと均整のとれた富士山のような形（山頂部の平坦部分が広い）をしている。これがどんどん近づいてきたので、モネロン島より鐵砧岩に目が奪われてしまった。ここは『南樺太全図』では金敷と記載されている。梅木氏の『サハリン　松浦武四郎の道を歩く』によると、「鐵砧岩をヘリコプターで上空から見るとまさに金敷台のごとく頂上部分が真平らであった」とあり、さらに「この不思議とも思える自然の造形物は古くからチャシ（砦）として存在しており、その頂上部分には17の竪穴住居跡が存在している。ここを初期に発見したのがサハリン考古学の父木村信六であった」とある。また木村信六については「１９４１年、37歳の若さで病死した木村信六は、樺太での警察官勤務の中にあって、各地の遺跡調査を行った。本斗在勤中は西海岸南部の調査とともに擦文土器を初めて発見するなど輝かしい業績を残した考古学者でもあった」との記載がある。

鐵砧岩、上部にはロープが掛かっている

梅木氏の文献には、「この鐵砧岩は高さが80ｍあり、何年か前に岩の一部が崩壊したため今は登りにくくなってしまったらし

鐵砧岩の海岸

い」ともあり、確かに車を降りて近づいて実際にこの目で見ると山頂直下にはロープがかかっていた。我々は不思議な金敷台のような形の鐵砧岩をじっくりと眺めた。いくら登りにくくなったといっても、先人はよくこの岩の上に居住していたものだと思わざるを得ない。水や食料も頂上に上げたということか。海の側にも回り込んで観察してみた。もしかしたらロープのかかっている陸地側よりも海側の方が登りやすいのではと一瞬思ったが、よく見るとやはりそうでもなさそうだった。しかし知床・ウトロのオロンコ岩のように階段が付いていたとしても、その頂上に居住するのは大変だったはずである。しかしここは見張りには重要なところで、例えばアイヌが恐れていた中国大陸からの横暴な敵から守る意味では、ここに監視員が居住する意味はあったのであろうなどと、全く勝手な想像だが思ってしまう。

また、ここの海岸の露出した岩をよく見ると、変成岩帯なのか褶曲によるものなのか一定方向の割れが入っていて、それによる細かい崩れがこの岩全体にも見られた。考古学的にも面白いところだが、地

利尻島が見える

学的にも面白そうなところである。地学者に見てもらって解説を聞いてみたいと思う。

ふと視線を変えて水平線を見ると、ここまで来る途中からも見えていたが利尻島が見えた。松浦武四郎が記録の中で書いていたリイシリである。梅木氏も文献中で、松浦武四郎が見たリイシリが一瞬見えたと言って喜んでいる。今日は曇りがちだが、モネロン島や利尻島がはっきり見えて本当にラッキーである。ここが今でも日本の領土だったら面白かったであろうと思う。

〈ウエンチシ岬・鐵砧岩～宗仁～白主〉

ウエンチシ岬の鐵砧岩では20分程度休息し先を目指した。車は内陸に入ったり海岸に出たりしながらクズネツォバ（宗仁）に出た。往路では分からなかったが、この間（ウエンチシ岬～宗仁）にも興味深い地点があり、そこに復路で寄ることができたので、復路の部分で紹介したい。

クズネツォバ（宗仁）は5万分の1の地形図を見ればよく分かるが、宗仁川流域のなだらかな開けた土地で、馬が放牧されダーチャ（ロシアの別荘）風の家が点在している。日本時代は神社でもあったのではないかと思われる少し高いところに小さな教会もあった。人が住むには絶好の場所に見える。ここ

クズネツォバ（宗仁）

は今晩宿泊する場所だが、このダーチャの１つで昼食となった。

ダーチャの前で車を降りると、太ったおばさん（比較的若いかも？）が出てきて対応してくれたが、酔っぱらっているようだった。ダーチャの中は小綺麗で、３階にはビリヤード台もあり、誘われてビリヤードを少しやったが、明らかに酔っぱらっていてすぐに止めた。そうこうしているうちに他の女性たちが食事を持ってきて、酔っぱらいの豪快な女性を連れて行ってしまった。昼食は野菜、鶏肉、パンなどで、缶ビールを1本開けて食べた。

サーシャもどこかで食事をしていたらしく、しばらくすると戻ってきた。梅木氏の文献によると、ここからが大変な宗仁越え。20年前は悪路で進むか引き返すか迷うほどで難所中の難所という感じ。その宗仁越えに我々もスタートした。道は内陸に入り第一岬、第二岬、第三岬の３つの岬を高巻く。確かに悪路で四駆でないと進めない。今回はトヨタの四駆だが、さらに軍用で使用されるようなタイヤが付いている。サーシャも運転が上手で難なく進んでいく。20年前よりも随分通行しやすくなっているようだった。途中、海が見えるところで利尻島が見えた。松浦武四郎もリイシリと言って書き留めた利尻島が見えると何となくうれしくなる。おそらく道は通りやすくなったが、風景は20年前、いや江戸時代とほとんど変わってないのではないか。

ほどなく峠を越えると道は下り始めた。20年前の梅木氏等はこの辺りで最も苦労している。轍の深さが80cm～1mもあろうかという状況で、進むか戻るかを運転手に一任し進むと決めた後は、運転手以外は車を降りて道を修復しながら進んでいる。2014年にサハリン北部に行ったときも、深い轍の中を進んで引き返してきたことを思い出す。

上：宗仁越えの峠、宗谷岬が見える
下：白主・樺太開島記念塔土台

今回、我々は何の苦労もなく海岸に出た。松浦武四郎が宗谷からサハリンに渡ってきたときに上陸したベシトマナイの海岸である。松浦武四郎はここから白主まで、松明の灯を頼りに4時間かけて歩いている。5万分の1の地図を見ると峠を下った海岸を白主に向かって少し南下したところにベシトマナイ川がある。おそらくこの辺りがベシトマナイ（昭和20年の『南樺太全図』では菱苫〈駅逓のあるところ〉、ロシア名はチョルトフモスト）である。しかし、実際に通ってみると何かが残っているわけでもなく、あっという間に通り過ぎてしまった。海岸には約20年前の梅木氏や相原氏の著作にもある難破船がそのままある。そして気が付くと白主に着いていた。『南樺太全図』では北から「北白主」「南白主」「白主」と白主が付くところが3ヶ所続くが、「南白主」と記載された真中の場所が白主である。5万分の1の地形図では地名の記載はない。

白主・樺太開島記念塔土台（上にアルメニア人兵士の墓碑）

〈白主（クリリオン）〉

ゆるやかに湾曲した海岸、その少し上に戦前に建てられたという樺太開島記念塔の土台（上にアルメニア人兵士の墓碑）があり、さらに上に缶詰工場の煙突があった。間違いなくここが白主。海には松浦武四郎の絵にもある岩礁が見える。梅木氏も著作の中では松浦武四郎の絵と写真を照合している。樺太開島記念塔の台座に登り、「ここが間宮林蔵や松浦武四郎が来た白主か」と思いながら海岸線を眺めた。宗仁のように開けてはいないが、確かに悪いところではない。

今回の旅を手配して頂いたりんゆう観光のウルツィさんから

松浦武四郎が描いた絵▶
(『サハリン 松浦武四郎の道を歩く』より)

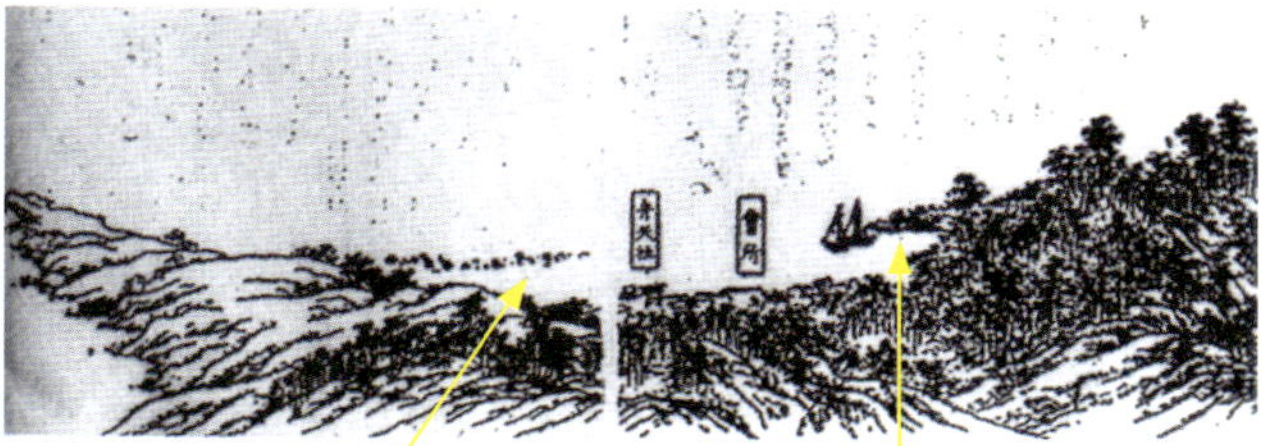

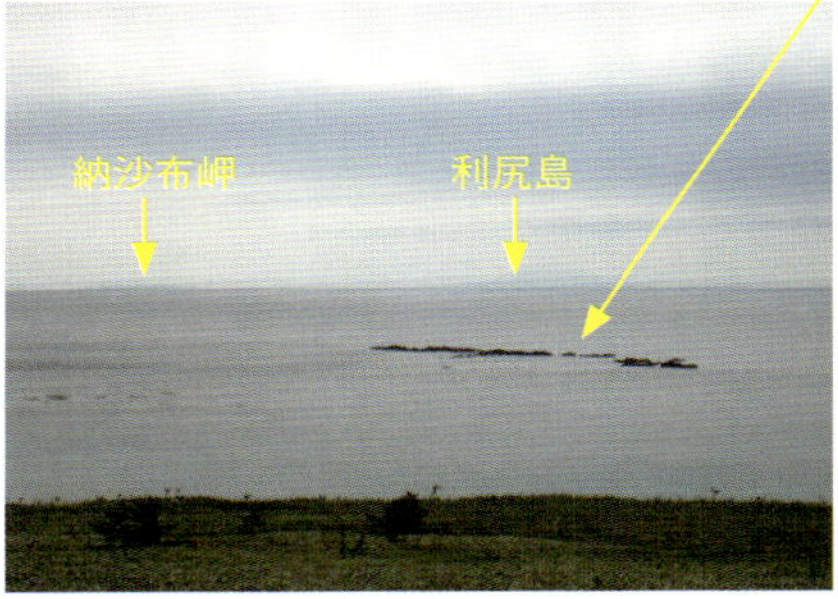

白主の海岸

ソ連時代の戦車

◀上:カニ缶詰工場煙突
下:カニ缶詰工場地下

送ってもらった『クリリオンの白主監視所（勤番所）の歴史』というロシア語で書かれた学術文献（文献名不明）に１８７３年（明治6年）の白主の絵図面（樺太州西海岸白主之図）、白主古地図（何年か不明だが弁天社趾との記載があることから「樺太州西海岸白主之図」よりも後年か?）、ロシア語版白主地図が載っており、その３つを照らし合わせて見る（次頁の図を参照）と、北から数えて１つ目の川（川①）の南側に勤番所があり（ロシア語版地図には昔の中心地と記載）、弁天社の下の方に樺太開島記念塔があり、北から数えて２つ目の川（川②）の南側（記念塔のすぐ北側）が後の中心地（ロシア語版地図では）とされていることが読める。後の中心地の部分は、「樺太州西海岸白主之図」では「白主渡場会所」と思われる巨大な建物（蔵30個分くらい？）や「土人」と書かれた家や「蔵」が描かれており、川②を挟んで家が多く並んでいる。

昔の地図には載ってないが、こんなに立派な「白主渡場会所」があったということは、明治6年の時点ではまだ宗谷からの玄関口だったということであろう。もう1枚の白主古地図では、この場所は竹田牧場との記載がある。大泊（コルサコフ）が中心となってからはこの会所は不必要となり、後年牧場になったということであろうか。

樺太開島記念塔のさらに山側に煙突が見える。カニ缶詰工場の跡とのことで、相原氏も約20年前にその著書『新サハリン探検記』に記述している。工場跡に行ってみると地下が倉庫のようになっていた。煙突はかなり高い。ここからも宗谷岬や利尻島がよく見える。

また相原氏も記述しているように、樺太開島記念塔の近くにはソ連時代の戦車も放置されていて、まだ中に入れる状態で砲身も動かせた。海を向いた戦車の向こうには、宗谷岬、利尻島が相変わらず見え

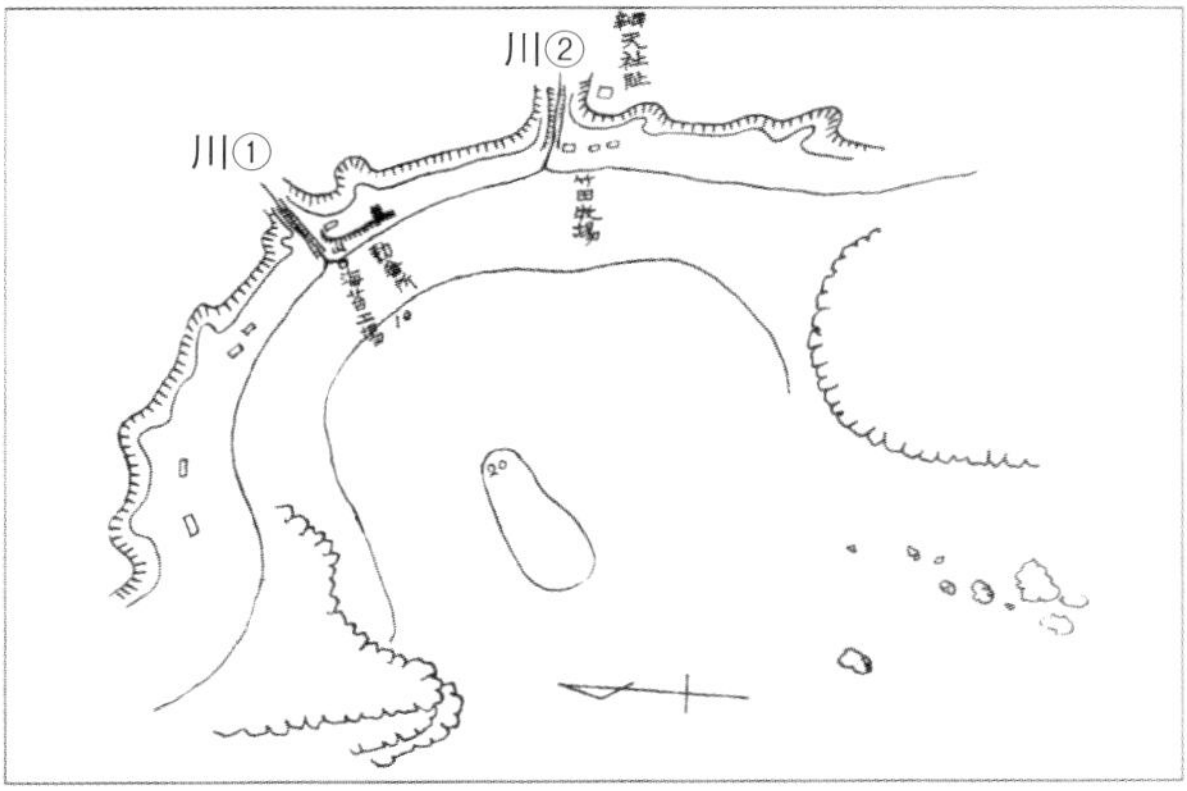

白主古地図

Рис. 1. ***Пост Сирануси. Рисунок первой половины XIX века***

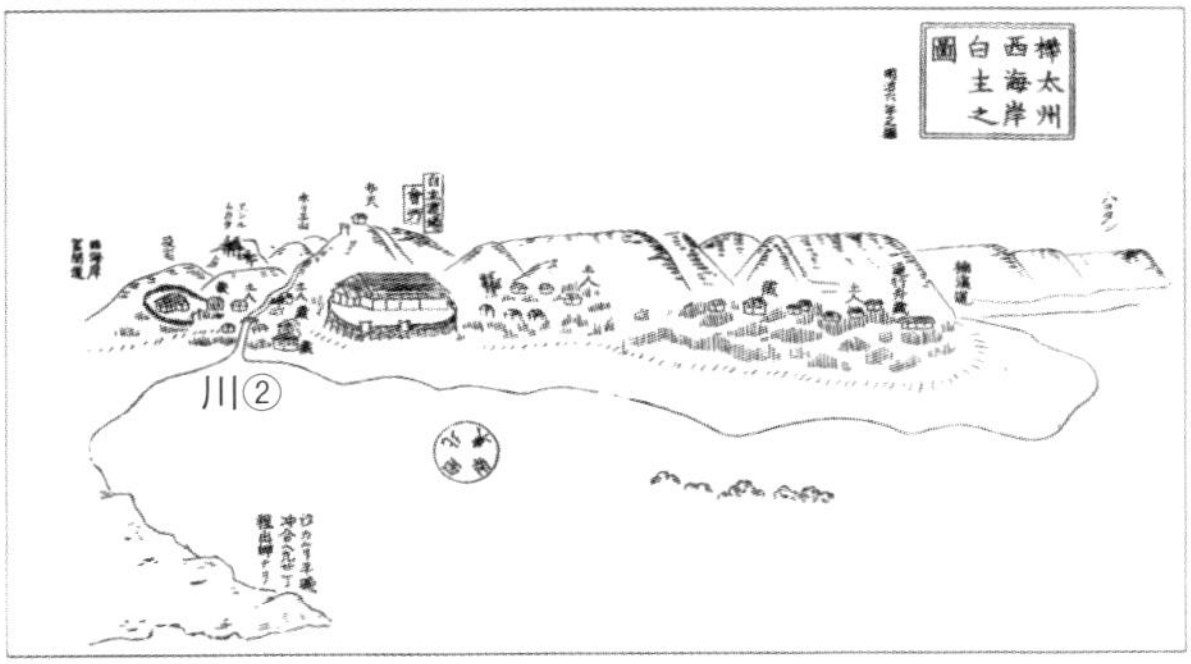

白主の絵図面
(「樺太州西海岸白主之図」)

Рис. 2. ***Пост Сирануси. Рисунок 1873 года***

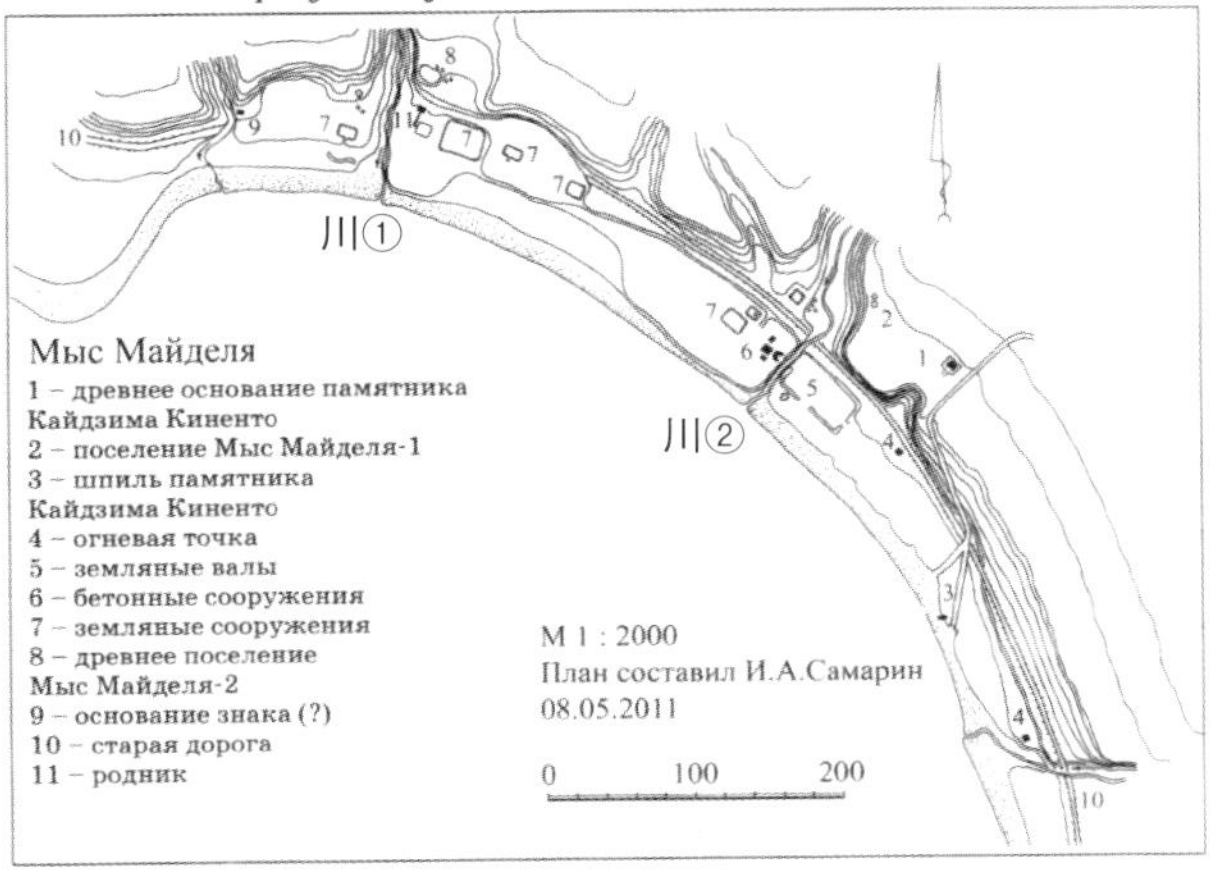

ロシア語版白主地図

Рис. 3. ***План расположения остатков поста Сирануси***

上：クリリオン岬の灯台
下：倉庫らしき建物

上：通り過ぎてしまった白主土城方面
下：岬の先端

る。道は通りやすくなったようだが、相原氏や梅木氏が訪れた20年前とほとんど変わってない。見捨てられた土地で時間が止まっている。

〈西能登呂岬（クリリオン岬）〉

相原氏や梅木氏の記述では西能登呂岬（クリリオン岬）に行けてないので行けるかどうか不安だったが、車のままあっけなく行けた。有名な白主土城と呼ばれるモンゴル軍襲来時のものとされる遺跡は、あっという間に通り過ぎてしまった。岬の灯台や日本時代に建てられた建物も通り越し、岬の先端まで車に乗ったまま行くことができた。

岬の先端では利尻島は雲に隠れたが、宗谷岬と利尻島の左にも島のようなものが見えた。礼文島ではないかと思ったが、後で地図で確認するとノシャップ岬らしかった。宗谷岬は風力発電の風車が立っているのも分かるほどで、ノシャップ岬もかなり鮮明に見えた。

上：クリリオン岬（西能登呂岬）
下：トーチカ、窓の上の壁には各方面の表示

宗谷岬がよく見える

稚内の辺りも見えたということであろう。まさに日本にいるような感じで、スマホを日本モードに直して自宅に電話をしてみると普通にかかり、電話に出た妻は驚いていた。

岬の先端部には現在のクリリオン岬の灯台やロシア側の建物もあるが、日本時代の軍事用の建物が多いのにも驚いた。岬の先端から少し離れたところには、日本時代のトーチカのようなものがいくつか残っていた。その中の1つには、砲身を向けられるようになっている横に長い窓の上の4ヶ所に「首線方向」、「燈臺規正点方向」、「水尺方向」、「二丈岩規正点方向」とはっきりと書かれていた。戦闘の方向を示すものらしかった。戦車を隠したり大砲を撃つのに使う施設に見えた。

とにかくクリリオン岬から少し離れた辺りには軍事施設と思われるコンクリート製の収納施設が点在し、洗面所（これはロシアの施設か）も見られた。また、クリリオン岬の反対方面を振り返ると、白主土城の辺りかと思われる部分が見えた。約20年前は立ち入り禁止の地域である。

本日の宿泊地であるクズネツォバ（宗仁）に向かう。来るときに白主を目指して宗仁の第三岬を下って出たベシトマナイ海岸に出たところで、少し寄り道をする。ベシトマナイ川を渡って峠道に入らず、少し北にある崖の下まで行ってみた。斜めに傾いた地層の崖の上から、緩やかな滝が流れていた。昭和20年の『南樺太全図』にある菱苫（駅逓のあるところ）は、この崖とベシトマナイ川の間にあったものと思われる。

上：コンクリート製収納施設
中：ベシトマナイ付近の滝
下：ベシトマナイ付近の海岸

〈クズネツォバ（宗仁）〉

クズネツォバ（宗仁）に戻ると、宿泊予定の建物に案内される。ここも立派なダーチャ（別荘）といった感じ。バーニャ（サウナ）もある。まずはバーニャに入り、汗を流してビールを飲む。夕食は鶏肉サラダ、揚げたサケ、サケのぶつ切りスープで、美味しかった。ウォットカを飲みながら食べた。

食事が終わると、クズネツォバ（宗仁）で働いていると思われる人たちが集まってきた。仕事は牧場経営、観光用ダーチャの運営ではないかと思われる。自分たちが食べるための魚も獲っている。あの酔っぱらっていた豪快な女性も来た。音楽を鳴らしウォットカを飲み、会話をした。朝鮮系の顔をした人は日本語が少し話せた。片親が日本人とのことだった。ヘッドランプを持って皆で海岸にも行き、仕掛けにかかっている魚の回収にも行った。サケ、マスはよく獲れるらしい。

また部屋に戻り飲んだ。気が付いたら隣の部屋のベッドに寝ていた。ウォットカでの乾杯をやったので、急性アルコール中毒的な酔い方になってしまったものと思われる。

上：バーニャ（サウナ）
中：ダーチャのような建物に宿泊
下：宗仁の人たちと

上から　夕食／海岸の仕掛けにかかった魚／豪快な女性／牧場の馬

8・8（月）　雨後晴れ

＊クズネツォバ（宗仁（ソウニ）・ソウニ川）（10：10）ー宗仁（ソウニ）・灯台跡（10：30）ー宗仁（ソウニ）・エルウ川（想い出の宗仁村の碑）（11：00／11：30）ーシェブーニナ（南名好（ミナミナヨシ））ーゴルノザボーツク（内幌（ナイホロ））ーネベリスク（本斗（ホント））ーユジノサハリンスク（15：10）

（注）宗仁・エルウ川（想い出の宗仁村の碑）は『南樺太全図』では西宇類、川の名前は西宇類川と記載。エルウ川は5万分の1地形図に記載名称。

〈宗仁村の灯台跡、「想い出の宗仁村」の碑発見〉

（注）宗仁はアイヌ語で「ソー・ウン・イ：滝のあるところ」「ソウニ：裸岩のあるところ」が語源になっ

ていらるしい。

完全な二日酔いだが、作って頂いた朝食を食べた。外へ出ると檻の中に大きな羆がいた。小熊のときから飼われているらしい。ミルク缶詰を器用に開けて旨そうに食べていた。出発前にサーシャに日本から持ってきたお菓子とタバコをプレゼントした。また昨夜一緒だった人たちにもタバコを一箱ずつ配った。

宿泊したのはソウニ川河口の広がりのある地形の部分だが、帰り道に少し北上した崖の上に日本時代の灯台の跡を見つけた。サーシャが連れて行ってくれた。軍事上の理由か5万分の1の地形図にも載ってないし、『南樺太全図』にもこの位置にはない(『南樺太全図』では、宗仁岬の位置に灯台のマークがある)。

上：飼っている熊　中：宗仁灯台
下：宗仁灯台の海

上：なぜか知床・羅臼のものが…
下：花咲ガニ

上：宗仁・エルウ川　下：想い出の宗仁村

相原氏の『新サハリン探検記』や梅木氏の『サハリン松浦武四郎の道を歩く』にも出てこない。なぜこの場所に灯台があるのかよく分からないが確かにここにある。宗仁岬をよく見たわけではないが、『南樺太全図』に記載されている位置が違っているのではないかと思われる。灯台の下には多くの人が生活できそうな宿泊施設のような建屋跡もある。終戦まで使用されていたのかもしれない。貴重なものを見た気がした。

そして次はさらに北上して、宿泊したソウニ川河口と似た地形のところに行った。『南樺太全図』では西宇類川のある西宇類というところで、5万分の1の地形図ではエルウ川と記載されているところである。川沿いの広がりのあるところには廃屋が目立ったが、サーシャが「想い出の宗仁村」という石碑のところに案内してくれた。２００５年に立てられたものなので、この辺りまで来られるような政治状況になって、元村民が来て立てたものと思われる。川もあり広々としていて住みやすかったのであろう。石碑には表に「北舘境日本ロシア協会会長 菅野文栄著（協会の名がややはっきりしない）」、裏に「建立委員 大久保晃二」他５名の名と「２００５年８月」と刻まれている。歴史を調べると、宗仁村は大正12年に南名好村と合併し好仁村と名を変えている。もし宗仁村時代の人が建立したとすれば、かなり高齢の人（例えば合併して好仁村になったときに10歳だとすれば２００５年には93歳）ということになる。或いは『南樺太全図』には好仁という地名は載ってないので、昭和になっても宗仁村と呼ばれていたのかもしれないなどと思ったりもする。いずれにせよ、宗仁村の風景は今も昔も変わってないだろう。

お世話になった宗仁で働く人たち

それにしても宗仁村は広い。「想い出の宗仁村」の碑のあるところも宿泊したソウニ川のところと似た地形であり、広くて放牧に向いているなと思ったら、何と宿泊地で先ほど別れた我々を世話してくれた人たちがいて驚いた。どうやら宗仁村の２ヶ所で放牧をしているようだ。牧場とはいってもここも海が近く魚を獲って生活しているらしい。羅臼漁協と書かれたプラスチック容器に魚が入れられていた。花咲ガニも獲れるようだった。働いている人は総勢10～15名くらいか。後で宮西さんに聞いた話では、サハリンでは乗馬クラブが流行っているらしく、もしかしたらそのためのものかもしれない。あの豪快な女性とも再会し、一緒に写真を撮ってお別れをした。今日は酔っぱらってはいなかった。

　宗仁村には放牧にも適したような広々としたところが2ヶ所あり、そして灯台もあるところをみると、重要なところだったのではないであろうか。宗仁村を出ると一直線にユジノサハリンスクに戻り、サーシャとも別れた。初め堅物かと思ったが、とても良いロシア人だった。

〈宮西さんの日本料理屋「ふるさと」へ行く〉

上：宮西さん（ふるさと）
下：チェーホフ山（一番右のピークか）

　ユジノサハリンスクに戻りまず博物館を訪ねたが、月曜日はお休みだったので宮西さんのお店「ふるさと」に行くことにした。しかし、実は宮西さんのお店がどこにあるのか知らなかった。レーニン広場の近くにあるかつて宮西さんが副社長だったサハリンサッポロホテルに行って聞いてみると、何と隣の建物内にあるとのことだった。この建物は日本時代の由緒ある建物であり、ここはユジノサハリンスクでは一等地である。確かに行ってみると「ふるさと」の看板があり、中に入るととても広い日本食レストランだった。さすがユジノサハリンスクの永住権を持っているユジノサハリンスク名誉市民、ユジノサハリンスクで宮西さんを知らない人はいないのではないか。宮西さんはいるかと聞くと、すぐに出てきて我々の来訪を喜んでくれた。私は勿論生ビールを飲みながら宮西さんお勧めのオヒョウ（カレイに似た巨大な魚で、日本ではあまり食べられないらしい）を食べた。宮西さんには、まず20年前にお世話になったお礼を再度言い、色々なことを聞いた。得られた情報は次の通り。

・モネロン島は軍の関係者が住んでいるだけ。定期便も出てないので行くのは難しい。↓前述した通りネットで調べると旅行会社は行けるようにしているらしい。

・北知床岬には行けるのではないか。（北知床岬へ行った前年に聞いた話）

・宮西さんの店にはロシア本土から要人が来たときには必ず来るらしい。モスクワにも何度か招待されたという。政治的にロシアで認められている宮西さんを、なぜ使わないのかと思ってしまう。

・但し、宮西さんにとって警戒すべき相手は、ロシアではなく日本政府の側らしい。日本政府の杓子定規な対応には辟易している様子。

・北方領土に対する日本の頑固な対応にも業を煮やしている感じ。日本人が現地に行って仕事ができるように早くした方がよいという持論を持っている。

宮西さんは82歳。現在はロシア人の妻を持っているとのこと。ビシッとしたワイシャツを着ていて、10歳は若く見える。子供はいないとのこと。とても多才な人で、パイロット、音楽家、実業家等の多くの顔を持つが、日ロ関係の打開に使うべき人なのではないかと思われる。特に北方領土問題（ロシアでは北方領土はサハリン州）では、サハリン州で最も尊敬されており信頼されている日本人である宮西さんを使わない手はないと思われてならない。帰り際にユジノサハリンスク（豊原）のことが書かれた『町の公園の話』というロシア語の本を頂いた。この本には日本時代の豊原公園（現ガガーリン公園）のことも書かれているが、宮西さんの写真、宮西さんが作った桜並木通りの写真も文章と共に載っている。また場所は確認できなかったが、宮西さんの銅像が既に立っているとのこと。

8・9（火）晴れ（チェーホフ山頂部：ガス）

〈鈴谷岳（チェーホフ山）登頂〉

＊ガガーリンホテル（9：00）—登山口（9：15／9：35）—685m地点（10：25／10：35）—905m地点（11：15／11：25）—チェーホフ山（鈴谷岳）山頂・1045m（12：10／12：20）—登山口（14：50／15：15）—ガガーリンホテル（15：30）

今日は登山の日。1994年に計画したが、台風で日程短縮をしたため登れなかった山である。山自体は豊原時代に地元の子供たちも登っていた山なので大した山ではないが、サハリンの山に登るのはこれが初めてだった。当初、チェーホフ山とプーシキン山は同じ山ではないか（ある文献では鈴谷岳＝プーシキン山となっていた）など不鮮明な部分があったが、チェーホフ山と標高がほぼ同じプーシキン山との違いも日本時代の地形図から明確になり、鈴谷岳（チェーホフ山）に登れる日がやっと来たとい

上：急登
下：アニメキャラクターが入った標識

上：チェーホフ山登山口
下：登り始め

う思いだった。

9時にホテル出発ということなので10分前にフロントへ行くと、今回の旅行の手配をしてくれたサハリン側の会社のエレーナさんが来ていた。車もガイドも来ており、ロシアは完全に時間通りに動く世界になっていることを今日も実感した。

ランチボックスを受け取り車に乗ると、登山口には20分くらいで着いた。ガガーリンホテル（ガガーリン公園）の裏の方といったイメージ。ガイドのバレリーさんは年配の人で、ガーミン製の立派なGPSを持っていた。英語ができるので助かる。我々は5万分の1の地形図を見せ日本時代とは違うというルートを確認しようとしたが、バレリーさんはすぐにはルートを示せなかった。持っているGPSで確認しながら示してくれた。どうもこのとき嫌な予感がした。5万分の1の地形図を見せたら欲しがるであろうと思ったが、GPSさえあればよいという感じで、地形図を欲しがるそぶりは見せなかった。このGPSに頼りすぎが、後

山頂

上：休憩、尾根に出るまでは暑い
下：ハイマツ帯

に述べるが上部のハイマツ帯では裏目に出た。

とにかく出発した。登山道は尾根に取りつくまでは急登だが、ロープも所々付いており（5年前ほどに付けられたらしい）よく整備されている。また所々に標高と山頂までの距離を表示したアニメのキャラクターの入った標識があり、誰でもハイキングで登れる山といった感じだった。ガイドなど必要ない山だが、我々は外国人だからかガイドを付けることを義務付けられたようだった。

ガイドのバレリーさんはかなり厚着だが、汗もかかずに登っていく。私は薄着（Tシャツ1枚）だが、暑くて汗ばかりかいていた。途中、ユジノサハリンスクの町やアニワ湾、トンナイチャ湖が見えた。地形図上の標高よりも若干高い位置で尾根に出ると、さすがに風が強くなりカッパを着込んだ。残念ながらガスっていて展望はない。さらに登ると背丈ほどの高さのハイマツ帯でルートが分かりづらくなった。ここから山頂までは距離がある。ガイドのバレリーさんはGPSば

上：ユジノサハリンスク
下：大学生と会った休憩地点

上：ユジノサハリンスクが見える
下：アニワ湾が見える

かり見ていて、ルートファインディングが怪しい。山頂までの距離のアナウンスをしてくれるのはいいが、GPSに頼りすぎで的確なルートを選択してない。ハイマツ帯なので、変なルートを選択されるとハイマツに苦労させられる。変なルートを選び、引き返したこともあった。こんなことなら我々がルートファインディングをやった方がよっぽどよいと思ったが、とりあえずガイドの指示を尊重しバレリーさんの示すルートに従った。相変わらずガスは晴れない。ハイマツ帯を進むと岩山や岩場が出てきたりするが、白布があったり岩に印が付いていたりするのでGPSは必要ないだろう。

随分歩いた気がした頃、ピークの上にコンクリートの建物が見えてきた。山頂だ。思ったより早く着いたが展望はない。ガスっている風の中を来たため濡れてしまった。バレリーさんは下りてランチにしようという。確かに晴れそうもないので、風の弱いところまで下りランチにした。ランチボックスは日本人を意識してか、ご飯に魚とコロッケが入っていた。飲み物はコンポート（ロシア特有の果物を煮込んだジュース）。バレリーさんが言うには、サハリンでは魚とトマトやキュウリなどの野菜しか取れない。米は中国産であろうとのこと。なかなか美味しい昼食だった。フルーツは忘れたらしい。出発時にエレーナさんからバレリーさんに電話があり、送ってもらった車が引き返してきたりしたが、フルーツを忘れてしまったのでドタバタしていたらしい。勿論、昼食はこれで十分である。

昼食後はゆっくり下った。途中で大学生の団体に会った。その中には日本語を少し話せる学生もいた。それ以外はランニングの人もいたが、登山者はそれほど多くない。途中、尾根に出た辺りで休憩した。この辺りの見える小さなピークは皆名前が付いて

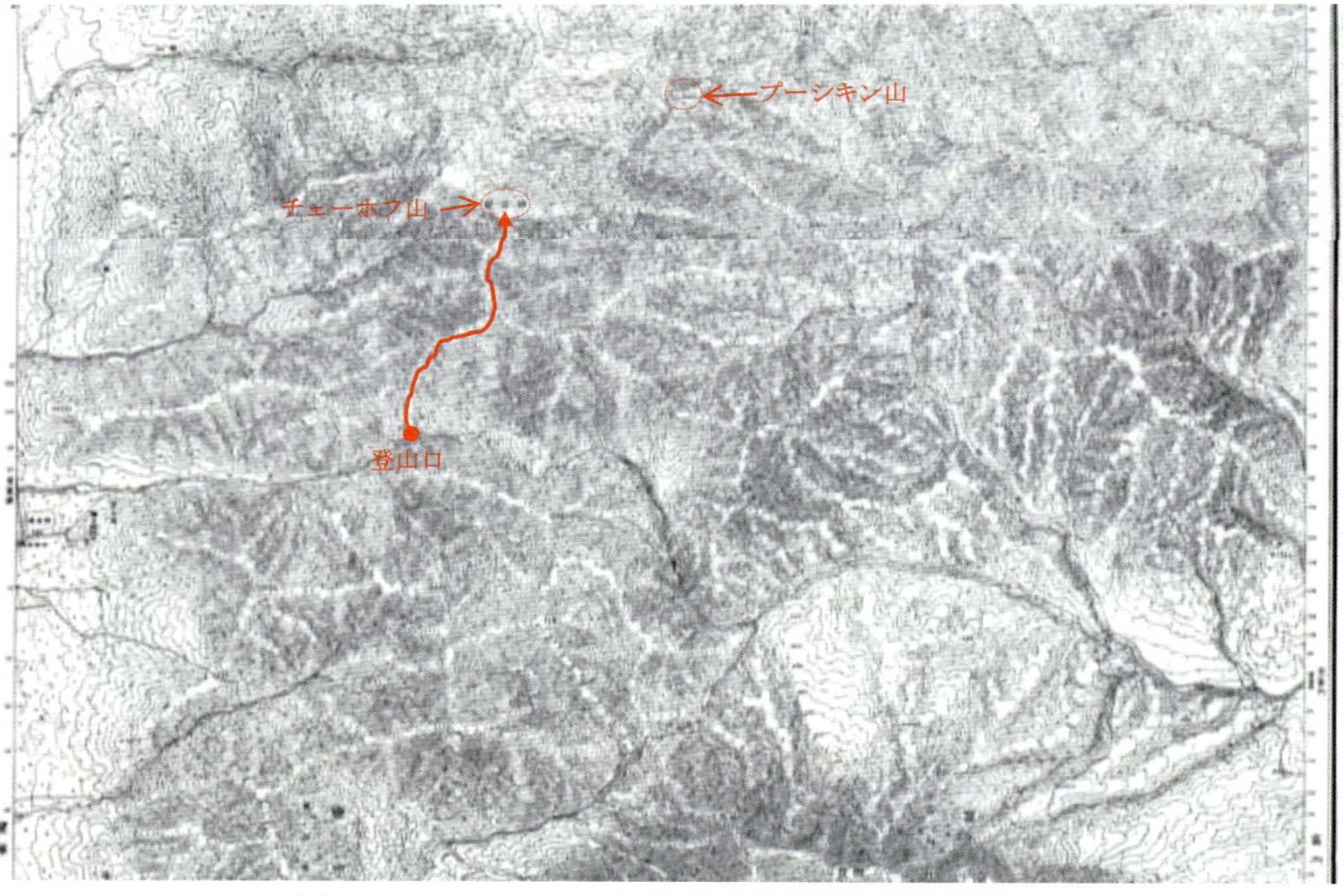

登山ルート　５万分の１地形図（上：樺太富岡、下：豊南）

いるようで、バレリーさんが教えてくれたが忘れてしまった。

バレリーさんは運転手とエレーナさんに電話をかけ、下山時刻を1時間後と言っていた。エレーナさんは電話で山の感想を我々に聞いてきたので、「ハラショー」と答えた。登山口には、1時間もかからず午後3時前に着いた。20分ほど待つと車が来て、ホテルに戻った。バレリーさんにお礼を言い、一箱残っていた日本のタバコをプレゼントしたらうれしそうな顔をした。休憩時にはタバコばかり吸っていたので、良いプレゼントができたと思う。こうしてチェーホフ山登山は終わった。

〈博物館、再度宮西さんの話〉

上：博物館
下：スーパーで見つけた日本のカップ麺

夕方博物館に行った。間宮林蔵、松浦武四郎が写真入りで説明されていたが、日本の探検者は相変わらず大きく扱われてはいない。約20年前に北千島で会った博物館の学芸員に日本から本を送ってあげたが、博物館で見ることはできなかった。

夕食は結局また宮西さんの「ふるさと」へ行き、残金でビールを飲んだ。

宮西さんとまた話がはずんだ。「冬になると間宮海峡はトラックの通り道になるので、車で大陸に抜ける旅が面白い」とか「ハバロフスクからシベリア鉄道での旅が面白い」という話を聞いた。宮西さんも、シベリア鉄道の旅には一緒に行きたいと言っていた。サハリンの冬については次のようなコメントがあった。

・サハリンの冬はマイナス30℃程度まで冷え込み、積雪は多くて３m程度。
・天気はそれほど悪いわけではないが、冬山は厳しいだろう。

8・10（水） 晴れ

＊ガガーリンホテル（10：30）―ユジノサハリンスク空港（10：50／13：20）―新千歳空港（12：30）

昨日、エレーナさんから電話があり出発は10時半と言われていた。時間に正確になったロシアなので、10分前にフロントへ行くと確かに車が来ていた。空港では久しぶりに日本人を見た気がした。小さな飛行機に乗るとあっという間に新千歳空港に着き、今回の旅が終わった。

（５） あとがき

今回の旅の手配は２０１４年と同様、りんゆう観光のウルツィさんにお願いした。サハリンはまだまだ探検できるところが沢山ある魅力的な地域であり、今回もそれを確認することができた。今回の旅を手配してくれたウルツィさんには感謝したい。

尚、地名はロシア語の名称と日本語の名称をできるだけ併記したが、日本語の名称はアイヌ語が語源のものや昭和になってから付けられたような名称もあり、分かりづらい。5万分の1の地形図（明治時代）と『南樺太全図』（昭和20年）を見比べてみると、地名や川の名称が異なる場合がある。私は元々の先住民であるアイヌの付けた名称に親近感を持ってしまうが、この研究をするのも面白いかもしれない。

西能登呂岬は広々としたところで、宗谷岬が間近に見えた。アイヌは簡単に行き来していたのであろう。白主では缶詰工場の跡を見たが、利尻富士がよく見える住みやすそうなところだった。岬の東側には行かなかったので中知床岬は見えなかったが、どのよう

に見えるのであろうか。船の中から見た中知床岬は長大だったので、おそらく同じように見えるのではないかと思う。網走の能取岬から知床半島を眺めたときは、その長大さに知床岬を崇め奉っていたのではないかと感じたが、西能登呂岬側のアイヌも長大な中知床岬を同じように崇め奉っていたのではないかと後になってから思った。

〈参考文献及び地図〉

相原秀起『新サハリン探検記：間宮林蔵の道を行く』社会評論社（1997）
梅木孝昭『サハリン 松浦武四郎の道を歩く』（道新選書31）北海道新聞社（1997）
樺太史刊行会編『南樺太全図』全国樺太連盟（2016）
陸地測量部・臨時測図部『西野登呂岬』（仮製樺太南部五万分一：西能登呂岬13号）陸地測量部（1911）
陸地測量部・臨時測図部『宗仁』（仮製樺太南部五万分一：気主4号）陸地測量部（1911）
大日本帝国陸地測量部『豊南　樺太豊原支庁豊原郡、大泊支庁富内郡』大日本帝国陸地測量部（1930）
大日本帝国陸地測量部『樺太富岡　樺太豊原支庁豊原郡・栄浜郡、大泊支庁富内郡』大日本帝国陸地測量部（1930）
"Atlas of Sakhalin Region : topographic map : scale 1:200 000" VTU GSh,1994

2. 中知床岬（アニワ灯台）とユジノサハリンスク周辺（チハヤ湾、ヴェリカン岬〈木遠岬〉、カエル岩、泥火山）

中知床岬は、２０１８年に現地の旅行会社主催のツアーに参加する形で訪れた。ユジノサハリンスクを起点とする日帰りツアーで、中知床岬以外にチハヤ湾、ヴェリカン岬（木遠岬）、カエル岩、泥火山を訪れる５日間に渡るロシア人たちとの旅になった。中知床岬に実際に行くことができ、知床岬を考える旅としては、ある意味締めくくるものとなった。

(1) はじめに

２０１７年８月にサハリン・北知床岬に行き色々と考えさせられた。日本からサハリンに目を転じるとサハリンには知床岬が２つあり、そのことから次のことを考え続けている。

・シレトコと呼んでいたアイヌにとって知床岬の本当に意味することは何なのか？　地の果て？　トビニタイ文化の入り口？

・北海道の知床岬の西には能取岬があり、サハリンの中知床岬の西には西能登呂岬がある。北知床岬の西にはノトロ岬はないが、ノテト岬（野手戸岬）という小さな岬が存在する。ノテトはノトロとほぼ

同じアイヌ語の意味なので、それを同じとみなしてよいか？
・もし同じとみなすと、シレトコ岬の西にはノトロ（ノテト）岬が必ず存在する意味は？

これらを考えながら7月には北海道の能取岬へ行き、初めて能取岬から知床半島を眺めた。知床半島はこんなに大きな半島なのかと思った。確かに昨年行った北知床岬も恐ろしいほど長大で、地図で見る限り中知床半島も長い半島である。今年は先ほどの3点を考えながらサハリン・中知床岬を目指した。

実は１９９６年に国後島をコルサコフから船で訪れたとき、船上から中知床岬を眺めたのだが、とても険しい先端部だなという印象が残っている。それは知床岬や北知床岬の広々とした先端部とは著しく異なる。この点も確認してみたかったが、アイヌの思想が縄文人から続いているものであるとすれば、縄文人が月を崇拝していたということも気になっている点である。月の満ち欠けを「死と再生」と考えていた縄文人にとっては、新月の闇夜で見えなくなった月が、はっきりと現れるのが夕方の西の空に輝く三日月（待望の光）で、欠けて見えなくなろうとしている月が最後に見えるのが日の出前の東の空である。実際に月が東から西へ動くのとは逆になるが、月は地球の自転と月の公転の関係から29・5日周期で西から始まり（再生）、東に終わる（死）ように見える。このことと知床岬がノトロ岬の東側にあるということが関係あるのではないかということである。そんなことばかり考えながら旅を続けた。

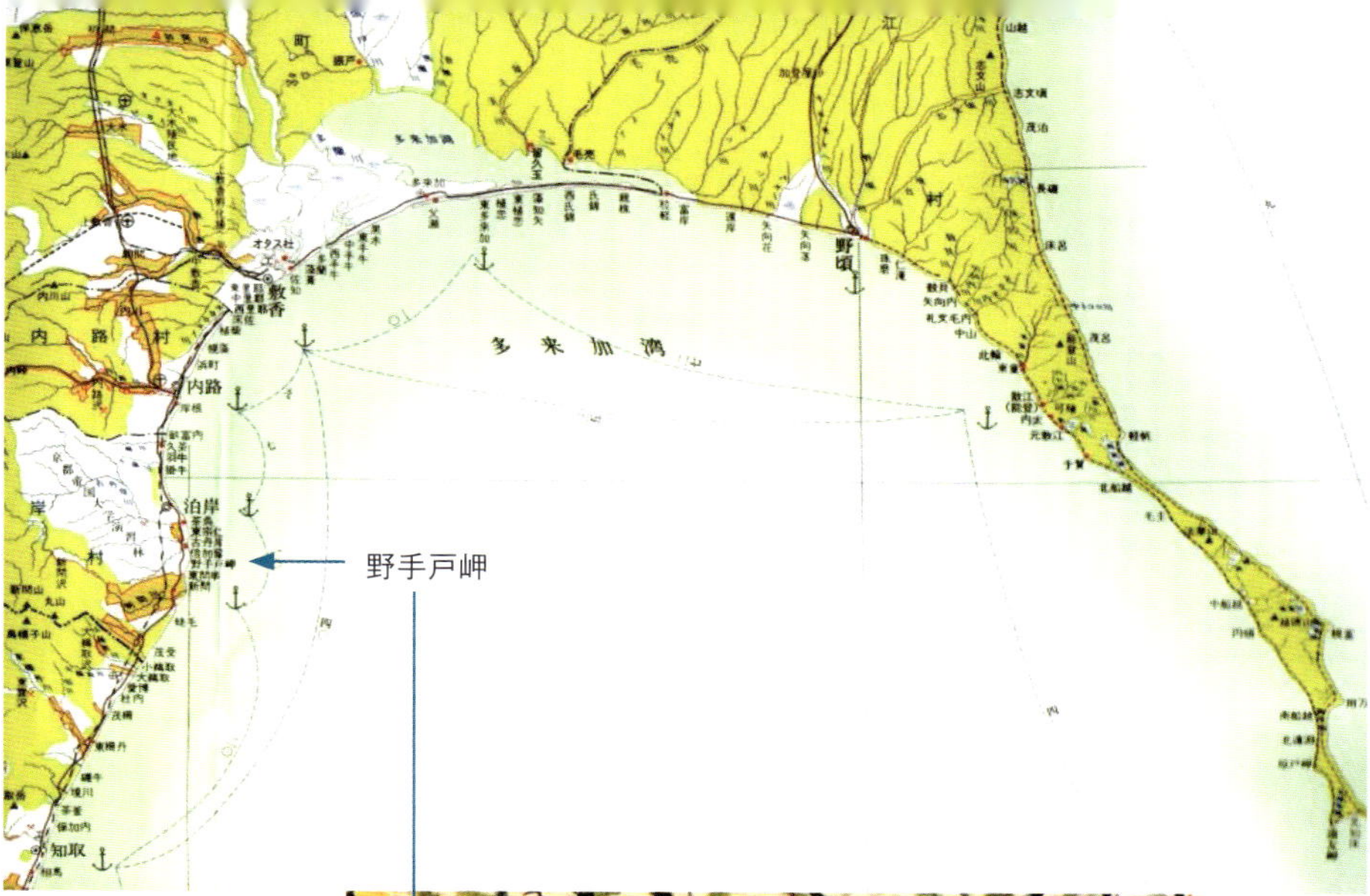

松浦武四郎の記録▶
（函館市中央図書館
デジタル資料館より）

中知床岬先端部

(2) メンバー

大谷和男、増田宏

(3) 行程

	行程
8/7（火）	成田空港（16：50）―ユジノサハリンスク（21：00）―ガガーリンホテル（21：55）
8（水）	＊チハヤ湾日帰りツアー（参加者22人） ガガーリンホテル（9：35）―各ホテルを回りユジノサハリンスク発（10：00）―ドーリンスク（落合）海岸（11：10／11：35）―ヴズモーリエ・東白浦神社（12：20／12：50）―パーキングで昼食購入―チハヤ湾（13：50）―ハイキング（海岸～トッソ岬）―チハヤ湾（17：30／18：40＊食事：イクラ、鮭、蟹等）―ガガーリンホテル（21：00）
9（木）	＊ヴェリカン岬（木遠岬）日帰りツアー（参加者20人） ガガーリンホテル（8：40）―各ホテルを回りユジノサハリンスク発（9：00）―トンナイチャ湖（9：50）―ヴェリカン岬海岸（11：55）―ハイキング（海岸～ヴェリカン岬（12：55）～林道～海岸）―ヴェリカン岬海岸（13：40／14：45＊食事：うな重）―オゼルスキー（長浜）（15：50）―ガガーリンホテル（17：00）

10（金）	＊カエル岩（リャングーシカ山）日帰りツアー（参加者13人） ガガーリンホテル（9：50）－各ホテルを回りユジノサハリンスク発（10：00）－登山口（10：35／10：50）－カエル岩・山頂（11：40／12：15）－沢で休憩－登山口（13：30）－ガガーリンホテル（14：00）
11（土）	＊中知床岬（アニワ灯台）日帰りツアー（参加者14人） ガガーリンホテル（8：15）－リバチス（小満別）（11：15／11：35）－アニワ灯台（12：45／13：30）－白岩付近の浜（14：00／15：05＊食事）－リバチス（小満別）（15：45／16：00）－ガガーリンホテル（18：35）
12（日）	＊泥火山日帰りツアー（参加者10人） ガガーリンホテル（9：50）－豊原⇕本斗間の鉄橋（10：15）－車止め（11：00）－泥火山（11：45／12：15）－車止め（13：00）－ガガーリンホテル（13：45）
13（月）	ユジノサハリンスク（16：20）－新千歳空港（15：50）

（4）行動記録

2018・8・7（火）晴れ　＊日本との時差：＋2時間

＊成田空港（16：50）－ユジノサハリンスク（21：00）－ガガーリンホテル（21：55）

能取岬から望む大きな知床半島

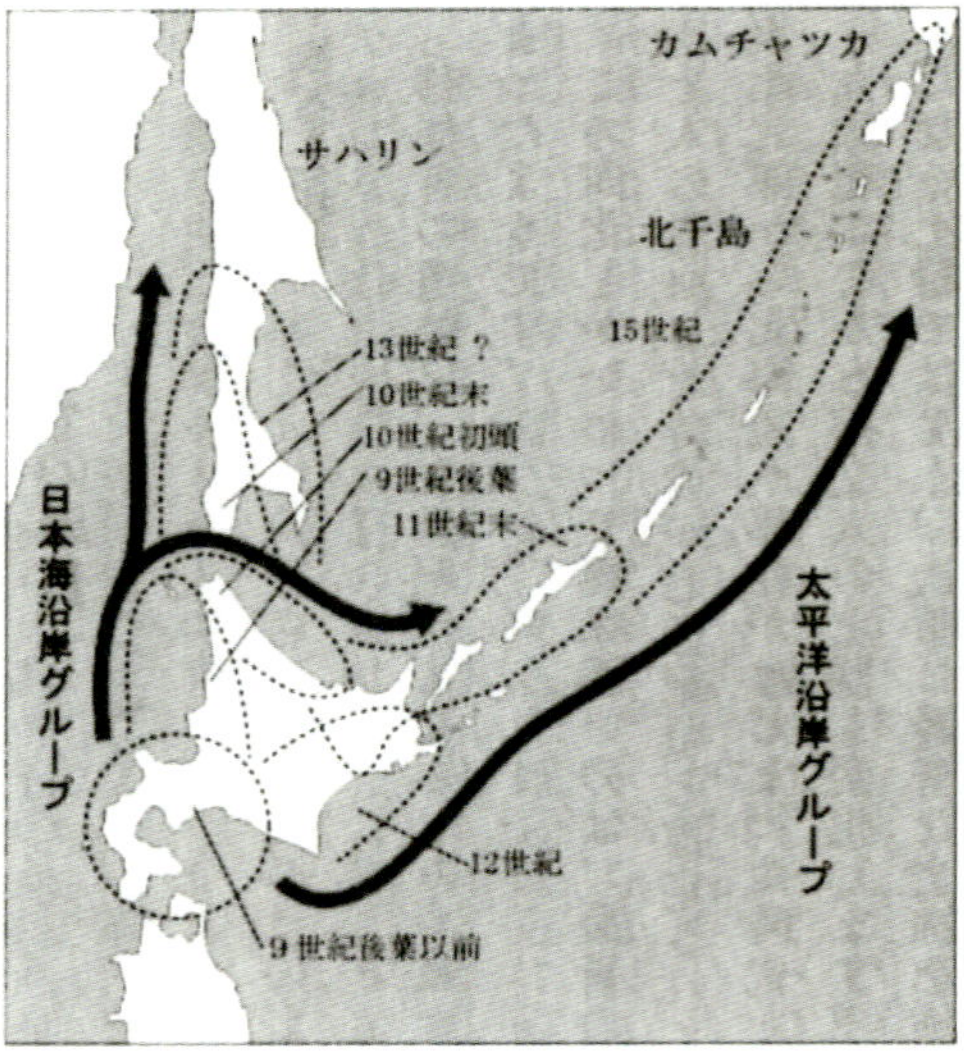

拡大するアイヌ社会
9世紀後葉以降、アイヌはオホーツク人が占めた道北道東、千島、サハリンへ進出した。

（『アイヌと縄文』より）

今年は中知床岬を目指していたが、中知床岬も含めた現地ツアーがあるというのでそれに参加してみることにした。ユジノサハリンスクから日帰りツアー5連発である。基本的にロシア人を相手にしたツアーなので、費用は安くて済むのが利点であろう。

サハリンへの行き方であるが、昨年も船の計画で失敗したので、今年は成田から飛行機で一気にサハリンに行くことにした。帰りの便は混んでいて札幌行きとなってしまったが、ツアーの計画にぴったり合うスケジュールになった。

アイヌにとって知床岬の意味するところを考え続けている。ノトロ岬との関係もとても気になっている。昨年、北知床岬に行ったときは「知床岬とは終焉の地ではなく文化などが入ってくる入り口」という説を何かで読み、そうかもしれないと思っていたが、最近どうも違うのではないかと思うようになってきた。7月に北海道の能取岬にも行き長大な知床半島を眺めながら考えたが、能取岬の方が入り口のような気がしたからだ。網走の能取岬はオホーツク人の入り口で、サハリンの西能登呂岬はアイヌの入り口ではないかと思う。アイヌの元々の基盤は北海道で、一つの流れとして北海道からサハリン南部や千島列島へ出て行ったことは間違いないらしい(『アイヌと縄文』より)。

北知床岬と対になるノトロ岬はないが、地図をよく見ると立派ではないが「ノテト岬」という岬がそれらしき場所にあることに気付いた。ノテトという地名は松浦武四郎が残した地図にも載っている。ノテトのアイヌ語の意味はノトロとほぼ同じ意味である。ノトロやノテトを起点にすると、知床岬は東側にある長大で遠いところである。アイヌの祖先は縄文人なので縄文人の考え方がアイヌに引き継がれ、それがシレトコの意味になっていると考えられる。

縄文人が崇拝していた月は、西から始まり(再生)、東に終わる(死)ように見える。その29・5日の周期は女性の月経とほぼ同じで、妊娠した女性を崇拝して作られたとも考えられる土偶(妊婦の妊娠線がある)の形状(全体的な形、脇が甘い、口が丸い)は月と関係があるという説がある。神話と突き合わせて考えると分かりやすいらしい。知床岬がノトロやノテトの東側に位置しているというのは、実は日が昇る方角というより月が終わる方角、やはり終焉を意味しているのではないかと思う。但し、大地の終焉ではなく月の終焉である。

いきなりこのようなことをノートに書きまくってしまったが、実はこのときまだ成田空港にいた。時間が早いので酒を飲んで空想を巡らせていたのだ。いつものことだが。

フライトは順調で、ユジノサハリンスクでも予定通り迎えが来ていて、ガガーリンホテルに入った。部屋でビールを飲みながら渡された日帰りツアーの予定表を見ると少し変わっていたが、中知床岬以外はどうでもよいと思った。

8・8（水）晴れ　チハヤ湾（参加者22名）

＊ガガーリンホテル（9：35）―各ホテルを回りユジノサハリンスク発（10：00）―ドーリンスク（落合海岸（11：10／11：35）―ヴズモーリエ・東白浦神社（12：20／12：50）―パーキングで昼食購入―チハヤ湾（13：50）―ハイキング（海岸〜トッソ岬）―チハヤ湾（17：30／18：40＊食事：イクラ、鮭、蟹等）―ガガーリンホテル（21：00）

ホテルの外で待っていると、ガイドらしい女性が歩いてきた。ホテルの玄関横のベンチに座っていた女性も同じツアーの参加者らしく、我々3人は女性ガイドに導かれホテルの前の道に出た。すると何と大きなバスが停まっていた。いきなり予想外の展開。バスに乗るとツアースタッフ以外はまだ我々の3名のみ。出発すると、他のホテルに立ち寄り参加者が次々に乗り込んでくる。結局、ユジノサハリンスクを出発したのは10時だった。

隣に座ったおばさんが話しかけてきたので、「私は日本人」とロシア語で答えた。すると、その後は英語で話しかけてきた。地図を見せると、これから行く場所は北部だという。チハヤ湾というのはサハリンが東西で最も狭い場所より少し北の東海岸（私が注目しているノテト岬よりかなり南の位置）であることが分かり、驚いた。元々の計画書には「チハヤ湾（エフスタフィー岬）」と書いてあったので、チハヤ湾＝エフスタフィー岬だと思い込んで南部にあるエフスタフィー岬に行くものとばかり思っていたが、違っていた。チハヤ湾 or エフスタフィー岬という意味だった。確かにバスは北へ向かって走り続けた。バスの中ではガイドが何か話し続けていたが、ロシア語なのでほとんど分からなかった。

バスがまず着いたのはドーリンスクの近くの海岸。バスを降りて海岸に出ると、皆砂浜を手で掘って何かを探している。何かと思ったら小さなメノウの粒だった。私もいくつか小さな粒を拾った。ガイドの女性は耳飾りにすると言っていた。

そして次に寄ったのが、昨年北知床岬から帰りに寄った東白浦神社。また今年も来ることになるとは

上：ドーリンスク付近の海岸
中：拾ったメノウ
下：道路端の売店・ピロシキを買う

思わなかった。どうも今回は日本時代の日本人に縁のあるコースのようで、ガイドがバスの中で話している中で「イポンスキー」が多く出てくることからしても、日本時代の話が多く出ているものと思われた。白浦ではトイレ休憩時にガイドに何か買って食べろと言われ、ピロシキを買って食べる。ついでに持ってきた缶ビールも飲んだ。この時点では、この後3・5時間も歩くとは思わなかった。

チハヤという地名の辺りで海岸に向かい、大型バスで鋭角な山（地図上では名前が確認できない）の下まで進む。ここでゴム付軍手を渡され、ハイキングに出発。サンダルも持って行った方がよいと言われたが、持ってこなかった。どうやら海に入るところがあるらしい。

皆で海岸線をトッソ岬の方へ歩いていくと、高巻きコースと海の中を歩くコースに分かれる。増田さ

上：日本人が切り開いたルートか？
中：三角の山の下から歩いてきた
下：ロープの付いた高巻き

んと大谷は高巻きコースになり、ロープの付いた急斜面を登る。この小さな岬の上に立つと、かなり高度感があった。松浦武四郎等の幕末の探検家が歩いたコースらしい。反対側は比較的緩い斜面になっていて、その斜面を海岸線まで下る。さらに海岸を北上するとまた突起にぶつかり、上に登るとゴジラ岩のような岩があり、ここがハイキングの終点らしく皆が来るのを待った。ここから北側に見える大きな山が「ドッサ」とガイドは言っていたが、調べると「トッソ（アイヌ語）山、突阻（日本語）山、ジタンコ（ロシア語）山＝標高６８２m」である。ロシア人ガイドもアイヌ語の山名や地名を使っている。日本人に縁のあるルートとも言っていた。ところで「チハヤ」の語源も気になるが、「チハヤ」はロシアの地図にしか出てこないのでロシア語ではないかと思われる。日本の地図には「辺計」という地名が

上：トッソ山の手前　下：トッソ山の手前から戻る

食事

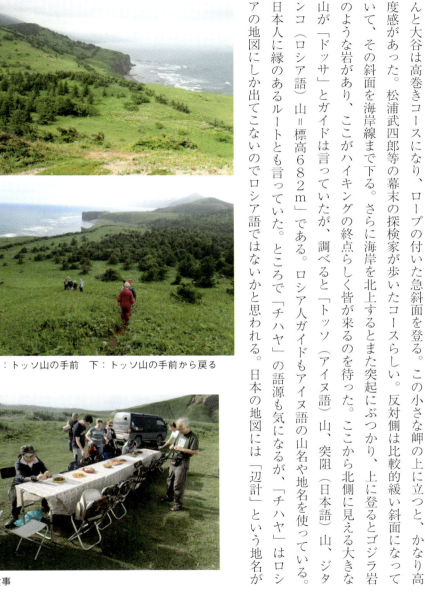

書かれている。

私が気にしている北知床岬の対になる「野手戸岬」は、ここから約70㎞北の集落「泊岸」のやや南の一角にある。この辺りの海岸を見て、野手戸岬周辺もおそらくここと同じようなところであろうと思った。人は住みやすい場所だと思われる。

来たルートを戻ると、バス到着地点では食事が準備されていた。花咲ガニ、鮭のぶつ切りスープ、イクラを載せたパン、その他多数が準備されていた。モスクワ方面から来たという男性がアルメニアコニャックを少し飲ませてくれた。アルメニアコニャックは飲んだことがあるが、やはり旨い。このツアーの参加者はモスクワ方面から来た人が多く、バスの隣の席のおばさんもモスクワから来たということで、サハリンの後はカムチャツカに行くと言っていた。

食事が終わると、一気にユジノサハリンスクへ戻った。夕方は風がやや強く寒いくらいだった。日本の猛暑がうそのようだ。


8・9（木）曇り／雨　ヴェリカン岬（木遠岬）（参加者20名）

＊ガガーリンホテル（8：40）―各ホテルを回りユジノサハリンスク発（9：00）―トンナイチャ湖（9：50）―ヴェリカン岬海岸（11：55）―ハイキング（海岸～ヴェリカン岬（12：55）～林道～海岸）―ヴェリカン岬海岸（13：40／14：45＊食事：うな重）―オゼルスキー（長浜）（15：50）―ガガーリンホテル（17：00）

今日はさすがに大型バスではなく、４ＷＤ車５台に分乗して出発となった。ツアーの中に日本語が少

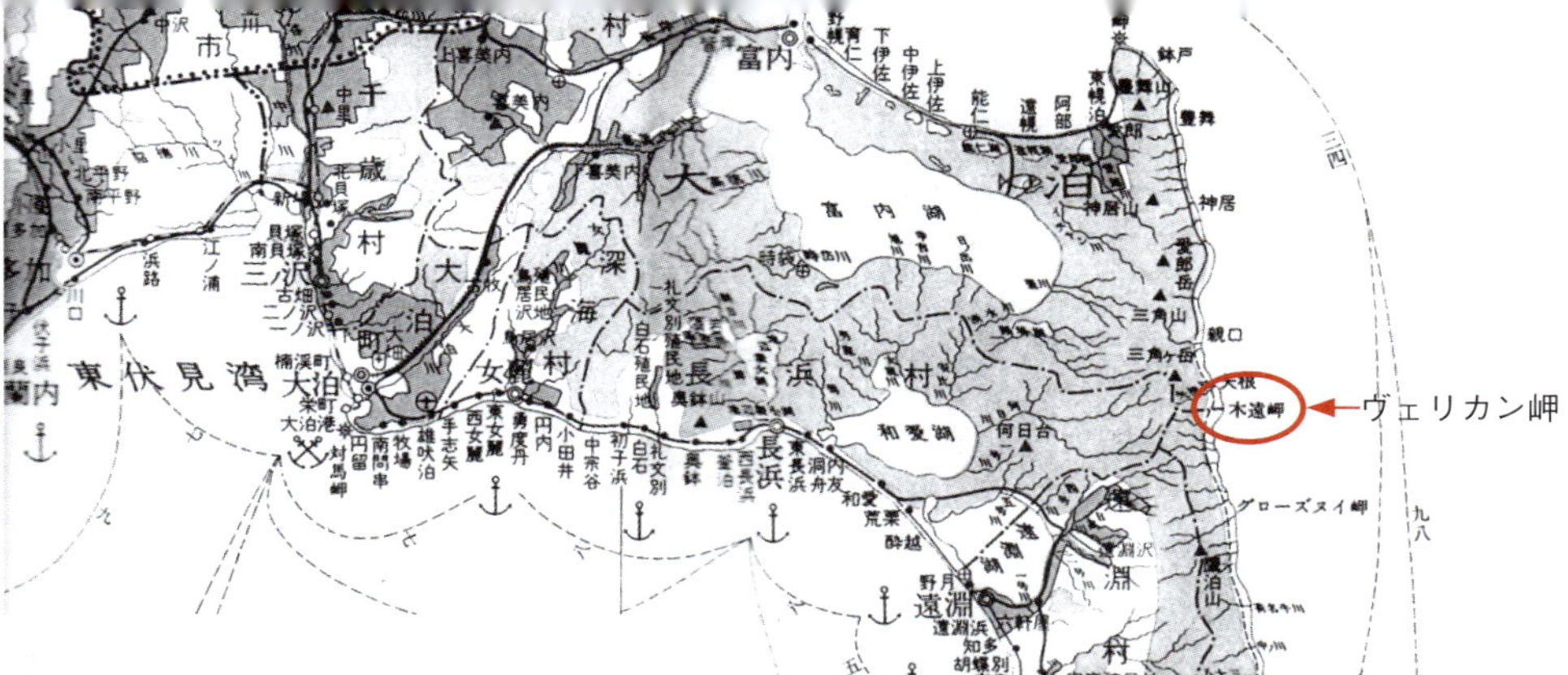
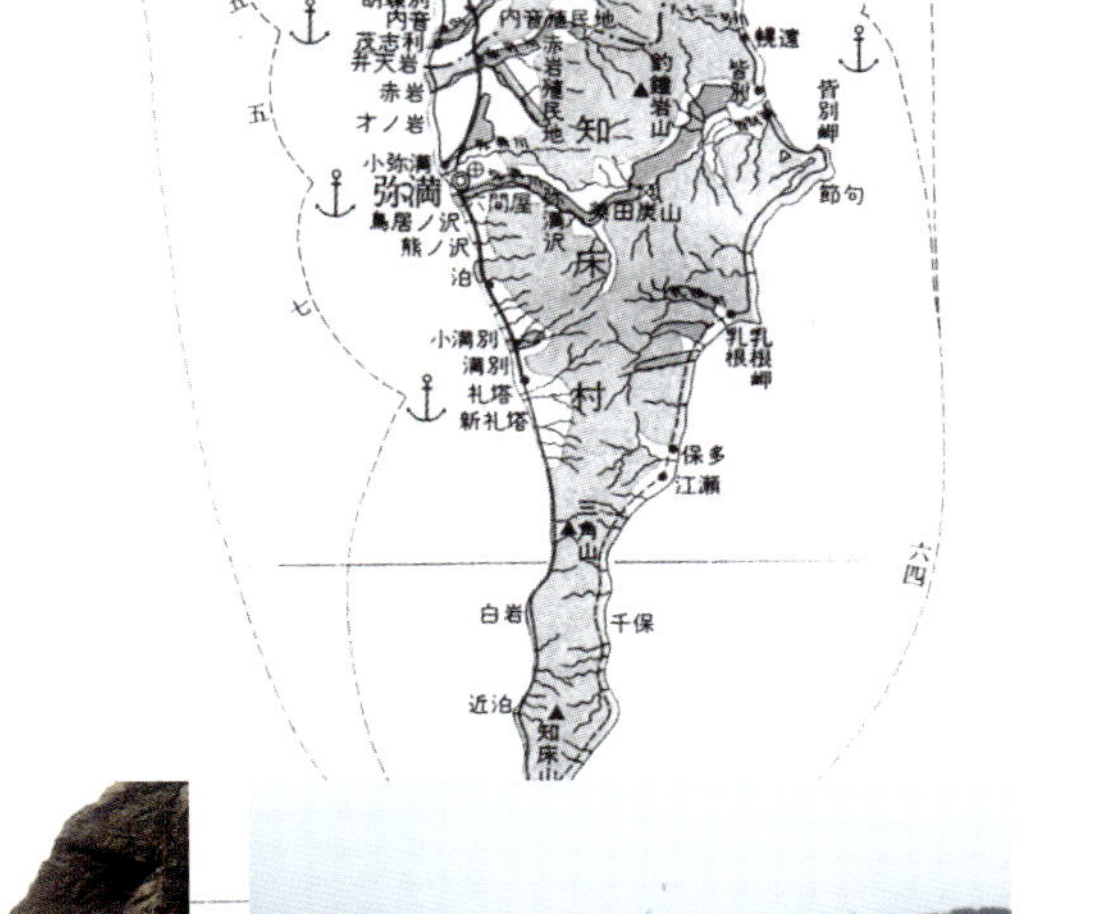

林道途中から見たトンナイチャ湖

サンダルに履き替える

北海道でもよくある風景

ヴェリカン岬

し話せるカップルがいて、そのカップルとわざわざ同じ車にしてくれたようだった。このカップルは京都に住んでいて、専門学校でロシア語や外国語を教えているという。女性はウクライナ出身で、男性はオーストラリア出身とのこと。今年の京都の暑さは大変だと言っていた。

車はまずトンナイチャ湖へ行き、オホーツクコエに出て東海岸を南下して内陸に入り林道を南下する。道はしばらく良い状態だったが、海岸へ出る手前で悪路となった。こうならないとサハリンらしくない。悪路に耐えて海岸に出ると何台かの車が停まっていて、キャンプをしている浜に出た。そこに我々も車を停めた。

ウナギ弁当を食べる

ここからハイキング開始。昨日の経験から今日はサンダルも持参した。海岸を南下したが、途中サンダルに履き替えて海の中に入って進んだ。奇岩が多いが、別にどうということもない。北海道ではよくある風景に見える。昆布も沢山打ち上げられていて、お土産に持ち帰ろうという人もいた。ロシア人は昆布を食べないと思っていたが、そんなことはないと言われた。海岸を南下し陸に上がって林道をしばらく進むと、ヴェリカン岬の先端に出た。ガスっていて遠くは見えなかった。

日本時代の地図を見ると、このヴェリカン岬辺りの東海岸の地域から中知床岬の先端までが知床村である。役場は西側の弥満というところである。知床山という山は中知床岬の北にある。険しいところだと思う。

ヴェリカン岬からの帰りは内陸の林道を歩く。ガイドは盛んに羆の話をしているが、足跡等の痕跡は見られなかった。車を停めた浜に戻ると、昼食が用意されていた。何と驚くべきことにウナギ弁当。ウナギの切り方は日本と違うが、ご飯の上にタレが付いたウナギが載っている。なぜか日本製の醤油も付いていた。タレがやや甘いが旨かった。まさかここでウナギを食べるとは思わなかった。京都に住んでいるという二人も驚いていた。ロシア人たちはご飯を残している人もいたが、箸を使って食べていた。イクラの載ったパンも出されたが、食べきれなかった。

帰りは西側のオゼルスキー（長浜）に出て、一気にコルサコフを通ってユジノサハリンスクに戻った。寝ていて、気が付いたらユジノサハリンスクに着いていた。夕食は「豊原」という日本料理屋に行き、ビールとウォットカを飲んだ。この店は昔行った駅の近くの日本料理屋「珍村」であることが、宮西さんから後で聞き分かった。


8・10（金）曇り／晴れ　カエル岩（リャングーシカ山：標高約７００ｍ）（参加者13名）

＊ガガーリンホテル（9：50）―各ホテルを回りユジノサハリンスク発（10：00）―登山口（10：35／10：50）―カエル岩・山頂（11：40／12：15）―沢で休憩―登山口（13：30）―ガガーリンホテル（14：00）

バス1台で出発。場所はユジノサハリンスクの南部でトンナイチャ湖へ行く途中が登山口。ガイドの女性はよく喋る人で、バスを降りても出発前に15分くらい喋っていたが、何を講釈しているのかほとん

上：アニワ湾を望む
下：謎のストーンサークル

上：カエル岩（山頂）
下：カエル岩（パワー注入）

ど聞き取れなかった。これから行くところはパワースポットという位置付けで、歩きながらも途中にある岩（パワーストーン）を触ったりして色々なものからパワーをもらうといった感じの動作をやっていた。また途中に生えている草も体に良いとかで食べさせられた。

またパワースポットとは関係あるのか分からないが、ストーンサークルのようなシャーマン的なところもあり、そのストーンサークルの中をぐるぐる回るように歩かされたりもした。これはもしかしたらサハリンアイヌと関係があるのではと思ったりもしたが、調べきれていない。

しばらく沢沿いの林道を進み、登山道に入ると急斜面となった。急斜面を登りきると面白い形をした岩が2つある山頂に着いた。この岩がカエル岩で、上に登ると見晴らしが良くアニワ湾も見えた。ガイドに言われ、岩の上でうつ伏せになって顔を岩の外に出して下を見るポーズを取ったりして、パワー注入のポーズをした。一応小さい山だがピークに立った。

帰りもガイドの講釈が続いた。林道を戻ると沢の中に浸かれるという場所があり、近くにコンドーという名の付いた小屋があった。ロシア人にコンドーは日本のプレジデントかと聞かれ答えられなかったが、後で近藤重蔵のことだろうと思った。こんなところにも近藤重蔵の名が残っているのかと思うとやや不思議な気がしたが、近藤重蔵は身分が高かったことを考えると分かる気がした。西能登呂岬が近藤岬で、中知床岬が重蔵岬という名称が地名辞典に残っていたが、改めてそれが大きく広まってなくてよかったと思った。

夕食は「ニホンミタイ」という日本料理屋に行くと、ウナギ丼があったので試しに食べてみるとチハヤ湾で食べたものと同じ味だった。

8・11（土）曇り　中知床岬（アニワ灯台）（参加者14名）

＊ガガーリンホテル（8：15）―リバチス（小満別）（11：15／11：35）―約32km―中知床岬（アニワ灯台）（12：45／13：30）―白岩付近の浜（14：00／15：05＊食事）―リバチス（小満別）（15：45／16：00）―ガガーリンホテル（18：35）

いよいよこの日が来た。昨夜雨が降り、この日もあまり天気が良くないが出発。7：40出発の予定だったが、バスがなかなか来ない。今回はガガーリンホテルがピックアップの最後だったので、前のホテルで遅れたのだろう。

どこで船に乗るのか分からなかったが、コルサコフを通過したのでいよいよ分からなくなった。結局ビコーヴァ（弥満）から９km南の日本名「小満別」という漁港跡がスタート地点だった。初め『南樺太全図』を見るともっと先の札塔か新札塔辺りまで来ているのかと思ったが、ＧＰＳの記録（中知床岬から30kmを少し超える位置）と５万分１地形図（札塔）で日本時代に漁港であることを確かめると、小満別（ロシア名：リバチス）であると判断できた。ここまで約３時間かかった。しかしどう見ても船がない。ゴムボートが２艘あるのみ。まさかと思ったが、そのまさかだった。覚悟を決め、持ってきたカッパの上下を身に着け、その上にビニールコートを着て、救命胴衣を装着した。

二手に分かれゴムボートに乗り込み出発。ゴムボートはロシア人２人のス

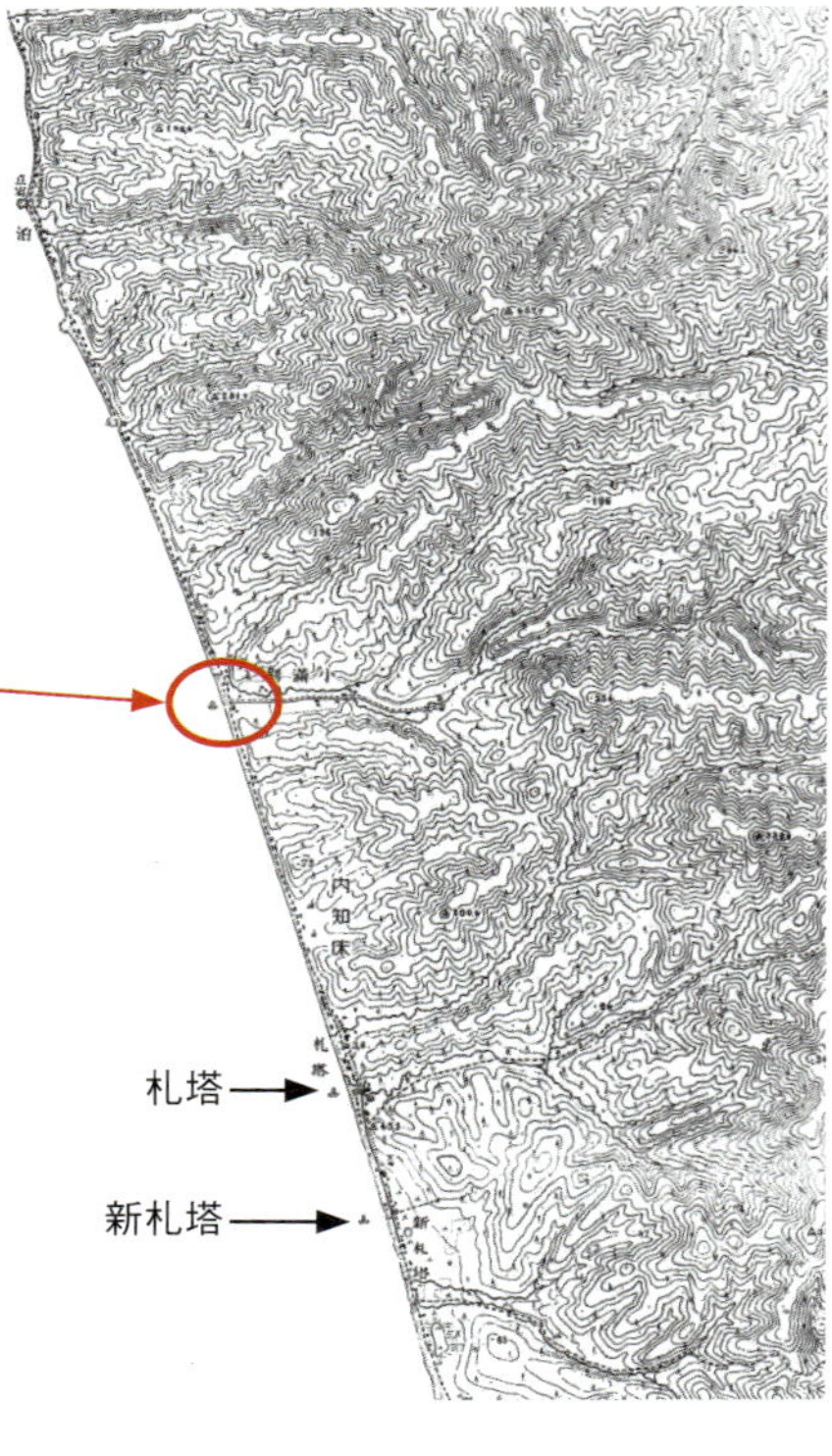

ゴムボートに乗り込む

人は住めそうにない海岸

滝が見えた

タッフが走らせる。とても速い速度で進むので驚いてしまう。最高速度は50km／hに達しているであろうか。速いのはいいが、飛沫を相当浴びることになる。私は運よくそれほどでもなかったが、向かい側にいた増田さんはかなり浴びていた。私はただひたすら中知床半島の地形を眺めた。どう見ても海岸は歩けるような感じには見えないところが多い。海岸伝いに先端まで行くのはまず無理であろう。途中、白い石灰岩と思われる岩が目についた。滝も結構多い。特に先端に近づくに従い崖が多く、人が住めるようなところには見えない。アイヌも住んではいなかったのではないかと思う。やはり3つの知床岬の中で先端部に近いところの地形は、ここだけが険しすぎる。また、北海道の知床半島では熊がよく観察されるが、ここでは全く見かけなかった。他の動物も見ることはできなかった。

こんな感じでゴムボート内で過ごしていたのだが、途中で驚くべきことが起きた。ロシア人女性同士の喧嘩が起きた。ロシア人のゴムボートのスタッフが急にボートを停めて何か叫んだので何が起きたのかと思ったら、私の前方に座っていた女性（ツアー初日にバスの中で隣に座っていた英語も堪能な親切なおばさん）がその前にいた子供連れの女性に殴られたらしく頬が赤くなっていた。ゴムボートのロシア人スタッフが間に入り止めた。周りの女性も注意しているような発言をしていた。何が原因か分からないが、増田さんは殴りかかるところを見たらしく、子連れの若いヤンキーな感じの女性がどうもおかしいのではないかという見解だった。ゴムボートを操縦していた男性と目が合ったが、「何てことだ！いい加減にしろよ！」とでも言いたげな情けない表情だった。出航するときは皆で仲良く写真を撮っていると思ったら、突然こんなことが起きる。日本では女性同士で殴るまでの喧嘩はそうはないだろう。

こんなこともあったが気を取り直して中知床岬のことを考え続けていると、1時間ほど経ったところで中知床岬・アニワ灯台が見えてきた。速度を落とし接近し灯台の岩場に接岸し、何と上陸させてもらった。上陸は予定通りなのであろうが、私は上陸はさせてもらえないと思っていたので感激した。カメラだけを持ち14人全員上陸した。灯台は正確には陸続きにはなってなかった。岬の先端から僅かに離れた岩礁の上に建っている。岩場を登ると灯台の中に入れるが、私はまず裏に回り込んで中知床岬先端部を観察した。ここに陸路で到達するのはかなり大変であろうと思われた。断崖が続く険しさが、ゴムボートから見た反対側の海岸も続いている様子だった。少なくとも中知床岬の先端部は、他の2つの知床岬とは大きく異なり、人を寄せ付けないような地形であることが明白になった。やはりここは入り口ではない。3つの知床岬の中では、ここは明らかに人を寄せ付けるところではない。やはり知床とは、対になるノトロから見て月が29・5日の周期を終えるときに見える方向の崇めるところではないであろうかと思ってしまう。

遂に来たアニワ灯台！

灯台に入るには、岩場と灯台のコンクリートのギャップを登らなければならない。ロープも付いているので、上陸した人が登るのに時間がかかる。灯台の裏側からの観察を終えてきたときは、丁度良

灯台の岩礁に上陸▶

く順番待ちも少なく灯台に上がれた。灯台はロシアが使用した痕跡は残っているが日本時代のもので、今は使用されてない。今の使用者はカモメ等の海鳥である。灯台は最上階にも上がることができた。灯台の高いところからも岬の先端部を見たが、やはり険しい。

中知床岬先端部を十分に堪能し、再びゴムボートに乗る。乗船地点にまっすぐ帰るのかと思ったが、途中の日本の地図にある白岩付近の浜に上陸。ランチタイムが設定されていた。ピザのようなパンを食べ、1時間ほど休憩。この浜も高い崖ばかりで、ロープが付いていて少し高台に登れるところもあったが、私は海岸を歩いてみた。多くのクラゲが観察できたので、私はここを白岩クラゲ海岸と名付けることにした。アイヌが中知床半島にも住んでいたとすれば、この辺りはまだ居住地域ではないと思われる。住める場所は乗船した札塔近くまで戻る

上：中知床岬先端部
中・下：灯台内より見た中知床

白岩クラゲ海岸

ことになるのではと思われる。

白岩クラゲ海岸から札塔までは40分ほどで着いた。ゴムボートのロシア人スタッフにお礼を言いバスに乗り込んだ。バスが出発してすぐだったが、カラフトマスが大量に遡っている川を見た。ここは日本時代の地図を見ると小満別から北に進んだ辺り。川が大きく折れ曲がった橋の上から眺めたこの光景は、サハリンでしか見られない光景かと思った。

ユジノサハリンスクに戻ると、宮西さんのお店「ふるさと」へ行って宮西さんと色々な話をした。宮西さんは84歳だが、とても元気。「北方領土は戦争で取られたのだから還ってくるわけはない」と力説されていた。また今回我々が参加した日帰りツアーは、サハリンが全国から人を集めた大きなイベントだったということである。明日の最終日も参加する。

8・12（日）曇り　泥火山（参加者10名）

＊ガガーリンホテル（9：50）－豊原⇕本斗間の鉄橋（10：15）－車止め（11：00）－泥火山（11：45／12：15）－車止め（13：00）－ガガーリンホテル（13：45）

ユジノサハリンスクの近くだと思っていたが、泥火山の位置が分からな

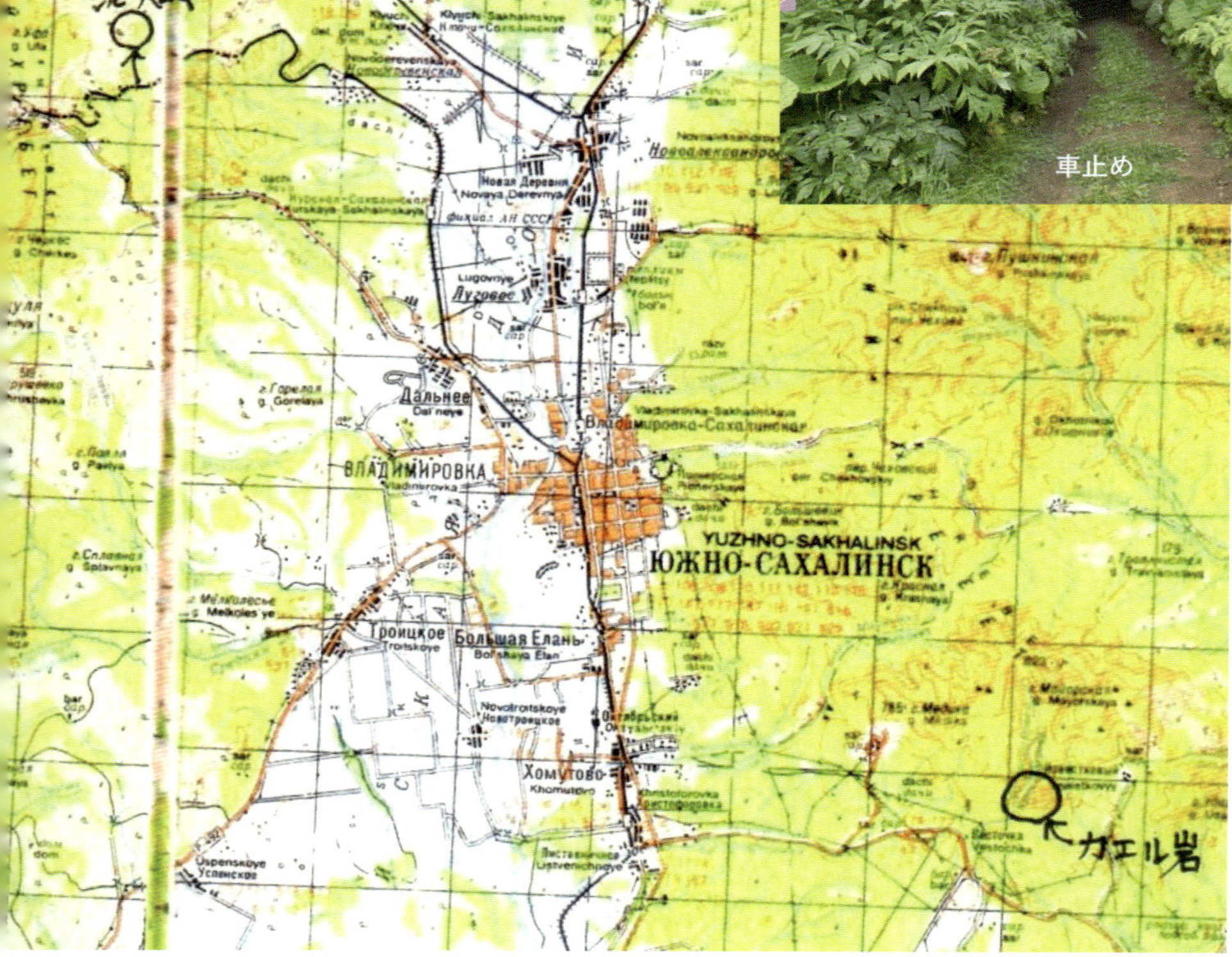

車止め

スノーシェッド

いまま出発。車は豊原と本斗を結ぶ鉄道沿いに進んだ。最初の駅まではまだ路線が残っていたが、その先は線路がなく枕木の上を車で進んだ。植物が生い茂る悪路だが強引に進む。やがてトンネルの手前で車止めとなる。ここで初めて今日のツアー参加者10名が集まる（車3台）。

ここから先は歩いて進む。ガイド

は今日のための新しいガイドで、我々日本人には何とか英語を使って説明してくれる。トンネルを２つ潜り、スノーシェッドのような設備に入るが、日本時代に作られた部分は安全で、ロシアが作った部分は崩壊が進んでいて、ガイドは日本のテクノロジーは優れていると何度も言った。

泥火山は、この鉄道ルートから北へ１kmほど入ったところにあった。２００２年に噴出した。天然ガスが出ているらしい。サハリンは天然ガスの宝庫である。水の溜まった泥の部分に天然ガスが噴出しているのが泡となって現れるので、よく分かるということである。また鉱物も出るらしく、ガイドは黄色い四角の結晶が付いている小さな石を探してくれたが、何の結晶であろうか？　ガイドは硫化鉄と言っているが、硫化鉄なら黒い色なので明らかに違うと思う。なかなか面白い小さな旅であった。

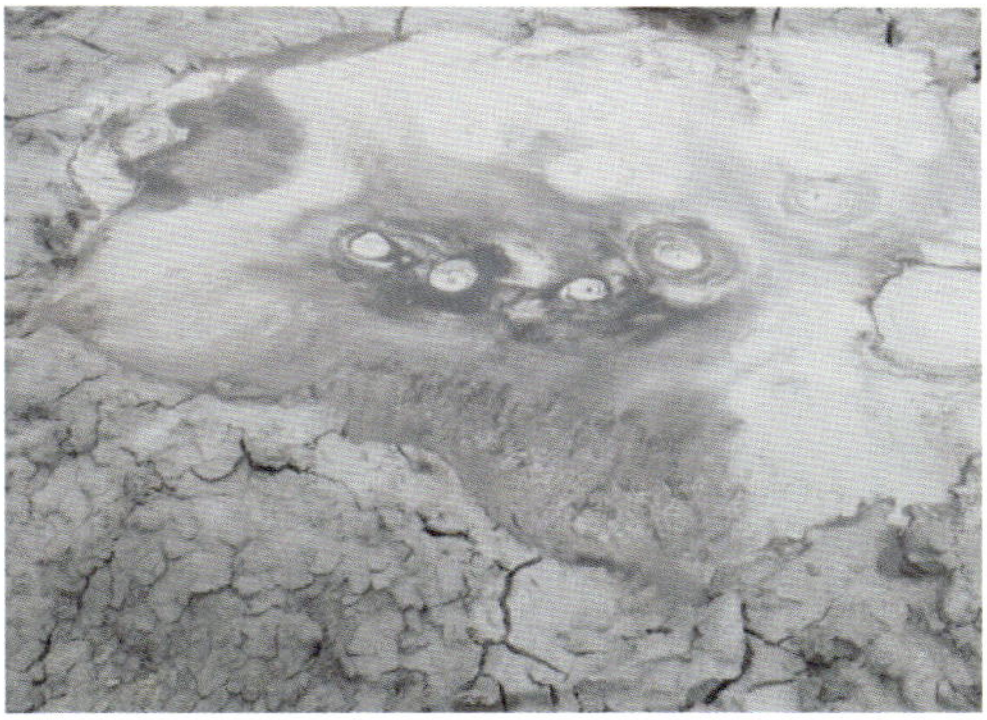

泥火山

鉱物

宮西さん

8・13（月）曇り　帰国

＊ユジノサハリンスク（16：20）―新千歳空港（15：50）

空港に行くと、今回同じツアーに参加していた2組の親子に会いびっくりした。話をすると「札幌が綺麗な町で気に入っていて、3日滞在しモスクワに帰る」という。確かに、モスクワからサハリンまで来れば札幌はすぐそこである。モスクワから来れば、サハリン自体が海外のような感じなのかもしれない。

（5）あとがき

ロシア人たちとの旅は色々あったが、面白かった。考えてもなかった場所にも行くことができた。そんな中で、念願の中知床岬に達することができ、ここ数年考え続けてきた知床岬について区切りを付けることができたと考えている。北知床岬の西側のノテト岬（野手戸岬）には行ってないが、今回歩いたチハヤ湾周辺のイメージが同じであろうと考えられ、その点で意味があったと思っている。

3．3つの知床岬の結論

アイヌの思想が縄文人から続いているものであるとすれば、縄文人が月を崇拝していたということも大きく影響すると思う。月は西から始まり（再生）、東に終わる（死）ように見える。このことと知床岬がノトロ岬の東側にあるということが関係あると思う。

今回の旅を通して中知床岬を見る限りシレトコ＝入り口説は支持できないと思った。確かに知床岬と北知床岬の先端部は人の住めるところだが、アイヌが縄文人の思想を受け継いでいるとすれば、特に崇拝していた月が終焉する東側にシレトコがある（ノトロから見て）と考えた方がよいと思った。

次頁にのノトロとシレトコの特徴を夫々まとめてみた。必ずしも全てが一致するわけではないが、シレトコの西には必ず人が住みやすく崇拝する聖地が眺められるノトロが存在する。ノトロは住みやすく、シレトコは東側の崇拝すべき場所（聖地）だったということを現時点での結論としたい。

3つのノトロとシレトコの特徴比較

	ノトロ	シレトコ
北海道	〈能取岬〉 ・オホーツク人の入り口 ・先端付近は住みやすい ・オホーツク人の遺跡の後にアイヌも住んでいた	〈知床岬〉 ・千島列島への出口 ・先端付近は住みやすい ・能取岬から見ると長大（崇拝）
サハリン最南端	〈西能登呂岬〉 ・アイヌにとってサハリンへの入り口 （和人にとっても同じ） ・先端付近は住みやすい	〈中知床岬〉 ・出入り口ではない ・先端付近は険しく、人が住めるところではない ・半島は大きいが、半ばから先は住みにくい
南サハリンの北部	〈ノテト岬〉 ・人が住める海岸	〈北知床岬〉 ・出入り口という感じではない ・先端付近は住みやすい ・長大でシンノシレトコと崇拝されている

（参考文献及び地図）

瀬川拓郎『アイヌと縄文：もうひとつの日本の歴史』（ちくま新書）筑摩書房（２０１６）
樺太史刊行会編『南樺太全図』全国樺太連盟（２０１６）
５万分の１地形図（明治42年測図、44年製版）大日本帝国陸地測量部
20万分の１地形図（昭和10年発行）大日本帝国陸地測量部
＊小満別と思われる場所：N46°20′53.99″ E143°22″03.68″

4．サハリン北部

知床岬に取り組む前の話だが、サハリン北部にも２０１４年に訪れている。遺伝子的にはオホーツク人に近いとされる先住民族ニブヒの世界である。ここではそのときの記録を紹介したい。１９９８年以来久しぶりにサハリンを訪問したときの話である。

（1）はじめに

サハリンには二度行ったことがある。１９９７年の国後島探検のときと、翌年の択捉島探検のときにサハリンを起点としたためである。そのときのサハリンでの行動は、サハリンを主体とした旅ではなかったため、ユジノサハリンスク及びその周辺を歩いただけに留めた。しかしその頃からサハリンは気になっていた。特に北緯50度以北が……。

北方の探検家として重要人物である松浦武四郎も、サハリンは南部しか入っていない。北部となると、やはり間宮林蔵であろう。彼はナニオーまで進みサハリンが半島ではなく島であることを確認すると、清国のデレンまで先住民族に同行して行っている。人物はどうであれ、やはり探検家としては尊敬できる人であろう。出発前には間宮林蔵の伝記を読み直し、気持ちも新たに出発した。

今回は増田さんが同行してくれることになり、一人ではない。増田さんも拘っていたが、間宮林蔵の時代のように船でサハリンに上陸することにし、上陸後も汽車で陸路を進むことにした。

私にとってロシアは、２００４年にアライド島に遠征して以来のことになる。その頃、ロシア語をまじめに勉強しようかと思ったが、２００４年の終わりに中国赴任が決まり、ロシア語ではなく中国語を勉強せざるを得なくなった。約10年間ロシア語からも離れているが、最近特に楽観して旅に出かけることが多くなった私は通訳を付けないことにした。

旅の手配は、アルパインツアーサービスからの紹介で、りんゆう観光のウルツィさん（ロシアに縁のある方と思われる）にやって頂いた。とてもきめ細かく親切丁寧に対応して頂き、助かった。特に出発後に台風のため稚内発のフェリーが欠航となってしまい計画変更となってしまったときの対応では、大変お世話になった。

今回の旅は出だしから計画変更で、どのように変更するかの判断をすぐに求められたが、どうしても北部に行ってみたかったので結果的にはサハリン北部の弾丸ツアーのようになってしまった。しかし、それはそれで効率の良い旅になったと思う。

参考までに稚内市のホームページからサハリンの説明の部分を抜粋した。サハリンの南北の長さ、先住民族の存在、一般の渡航が平成になるまで長くできなかったことが分かると思う。サハリン北部は先住民族の集落もあったはずだが、今回は見つけることはできなかった。

尚、記載はないが、実際に渡航がしやすくなったのはサハリンから大やけどを負ったコースチャ君が札幌の病院に運ばれてからと思われる。そのときのパイロットが1997年、1998年にサハリンサッポロホテルの日本料理屋で知り合った宮西さんのはずである。今回は残念ながらお会いできる時間がなかった。またユジノサハリンスクの博物館にも寄る時間がなかったが、2004年にアライド島遠征時に出会ったユジノサハリンスク博物館の学芸員には、帰国後、郡司大尉に関する本を寄贈している。それがどう扱われているか確かめたかったが、それもできなかった。


〈稚内市ホームページの説明文〉

サハリン島は、ロシア連邦共和国の極東、北海道宗谷岬の北方約43㎞に位置する南北約950㎞、東西最大約160㎞の細長い島で、その面積は7万6400平方㎞あり、北海道のおよそ9割程度の大きさの島です。

人口はサハリン全体で約52万人と、北海道のおよそ1／10で、中心都市であるユジノサハリンスク（旧・豊原）市には、約18万人が住んでいます。

稚内から宗谷海峡を隔て対岸に臨むサハリンですが、日本とサハリンは、昔から様々な歴史を刻んできました。

サハリン（樺太）は、もともとアイヌやウィルタ（オロッコ）、ニブフ（ギリヤーク）等の民族が住んでいた島ですが、そこへ日本やロシアから人々が移住して雑居していた島でした。日本とロシアの間では、その帰属の問題が話し合われながらも、なかなか解決せず、ようやく明治8年（1875）に、樺太千島交換条約が調印され、厳しい気候から農業開拓には不向きだと判断した日本は、樺太を放棄することにより千島列島の領有権等を獲得しました。

ロシア帝国時代のサハリンは、流刑地として知られており、この地を訪れた文豪チェーホフは囚人達の抜け道のない絶望的な運命を描いたルポルタージュ『サハリン島』（1895年／明治28年）を著しています。

明治37年（1904）には、日露戦争が勃発しましたが、翌年のポーツマス条約で北緯50度以南の樺太が日本領となり、豊原（現・ユジノサハリンスク）に樺太庁が置かれてからは、豊富な資源の開発に力がそそがれるようになり、北海道をはじめ東北や北陸などから移住する人が増加しました。

1923年（大正12）に稚内と大泊（現・コルサコフ）間に稚泊航路が、また翌年には稚内〜本斗（現・ネベリスク）間に稚斗航路という定期航路が相次ぎ開設されました。南樺太にはおよそ42万人もの日本人が生活していましたが、第2次世界大戦終結後、ソ連邦・ロシア共和国の領土となり、日本人の大半は帰国しました。

かつては戦後の反日感情も強かったため、色々な事情から引き揚げることができなかった残留日本人は、日本語での会話をタブーとし、韓国人や朝鮮人を装った人も少なくなかったといいます。

戦後、長い間、墓参団等を除く一般の渡航は許可されず、近くて遠い島と言われてきましたが、旧ソ連のペレストロイカ政策により、ロシアの国内情勢が変わったことから、平成元年（1989）には稚内とホルムスク（旧・真岡）間に、旅行会社のサハリンツアーがチャーター船という形で実現しました。
そして、平成7年（1995）には、いよいよ稚内とコフサコフ、小樽を結ぶ日ロ定期航路が開設されました。（小樽からの航路は現在、休止中）
これにより50年ぶりに稚内とコルサコフ（旧・大泊）間に定期航路が復活し、稚内からおよそ5時間半の船旅で、ヨーロッパの香りがするお隣の国へ行くことができるようになりました。かつての故郷を懐かしむ人はもちろん、釣りやバイクでのツーリングなど雄大な自然を楽しむ旅行客も増えています。
また、買物などの目的で、サハリンから当地を訪れる観光客も増加しています。

〈計画と台風のため変更した行程〉

行程		行動内容	宿泊場所
8／9（土）	大宮－新青森－函館－札幌－滝川－江部乙	移動	江部乙温泉
10（日）	江部乙－深川－稚内（13：00）	移動	稚内
11（月）	~~稚内－コルサコフ－ユジノサハリンスク（20：30発）~~ 稚内滞在	停滞	稚内
12（火）	~~ノダリキ着（8：02着）－オハ~~ 稚内滞在	停滞	稚内

13（水）	~~オハ―北部探検―オハ~~ 稚内（9：10）―コルサコフ（16：50／18：40）―ユジノサハリンスク（19：30／20：30発）	移動	車中
14（木）	~~オハ―ユジノサハリンスク~~ ノグリキ着（8：02着／8：15）―オハ（12：20）	移動、徒歩	オハ
15（金）	~~チェーフフ山登山~~ オハ（8：20）―北部探検―オハ（16：30）	移動、徒歩	オハ
16（土）	~~ユジノサハリンスク―札幌（20：00発）~~ オハ（13：10）―ユジノサハリンスク（15：20／18：30）―	徒歩、移動	車中
	新千歳空港（17：15）―札幌（20：00発）		
17（日）	青森―新青森―大宮（8：58）	移動	帰宅

（2）記録

〈まさかの稚内足止め。サハリン北部へ直行の弾丸ツアーへ変更〉

2014年8月10日（日）

＊8／9 籠原―大宮―新青森―函館―札幌―滝川―江部乙（江部乙温泉泊）…電車

8／10 江部乙―深川―稚内着（13：00）…電車

飛行機を使わず、陸路と船でサハリン北部を目指す旅が始まった。稚内までは電車でも一日で行けるが、せっかくなので途中一泊で行くことにした。北海道は混雑している時期で泊まる場所を探すのに苦労したが、駅の近くの江部乙温泉というところに泊まることにした。

8月9日は、江部乙温泉に行く前に札幌駅でウルツィさんに会ってパスポートとビザを受け取らなければならない。順調に札幌に着くと約束の西改札口で初めてウルツィさんに会った。電話で話したとき持った印象通りのとても落ち着いたまじめそうな人だった。私のことをロシア側に「大谷はロシア語を少し話せるので問題ない」と伝えたと言われたのにはやや不安だったが、もっと心配なのは台風の動きだった。しかし台風の話はせず、パスポート、ビザ、必要書類を受け取ると手を振って別れた。実際、このときは台風のことは楽観視していた。どうせ北へ行けば勢力が弱まるであろうと。

翌8月10日は早めに稚内に入ることにした。江部乙温泉はいつも通り過ぎている江部乙駅前の鄙びた銭湯のようなところで、何もない静かなところだった。

深川で特急に乗り換え、稚内で増田さんと落ち合った。稚内

ロシア人のミニコンサート

駅は久しぶりだったが、道の駅と一緒になって綺麗になっていた。昔の最北端の寂しい駅というイメージはなくなっていた。駅に着くといきなりロシア人たち（女性4名、男性1名：アコーディオン）によるロシア民謡のミニコンサートが始まり、驚いた。サハリンのPRのためと思われるが、夏の期間は毎日やっているらしい。

民宿に着くと荷物を置き、温泉に出かけてゆっくり浸かった。当分の間、風呂には入れない。温泉は海の近くで、外を見ると天気が良く穏やかで、これから台風が来るとはとても思えない感じだったが、よく見ると船を陸揚げして台風に備えていた。そして夜になると、早々に明日利尻・礼文へ行く船は欠航が決まったという連絡が入った。サハリン行きの便は、船会社のHPを見ると「現在見合わせ中」ということで欠航が決まったわけではなかったが、決して大きな船ではないので難しいと思われた。しかし、事態がこうなってしまってはなるようにしかならないと開き直り、稚内の酒を飲んで寝た。

8月11日（月）雨、強風

＊稚内滞在

朝5時半に船会社のHPを確認すると、コルサコフ行きと奥尻島行きの便は「現在見合わせ中」の表示だった。しかし外は風雨が激しく絶望と思われた。そしてしばらくすると民宿に連絡が入ったらしく、民宿の人から「コルサコフ行き欠航」が伝えられた。船会社のHPを見ると確かに欠航という表示に変わっていた。

さてどうするか。増田さんと協議するが、お互いにサハリン北部を優先したいということですぐに決まった。チェーホフ山など大したことはないし、ユジノサハリンスク近郊の山なので後からでも行きやすい。やはり50度線を越えて北部へ行くことに拘った。

ウルツィさんには「明後日出航でチェーホフ山をキャンセルし北部に専念したい」とのメールを送るとウルツィさんから確認の電話がかかってきた。水曜日の船でサハリンに渡り、夜行列車、オハ２泊後予定通り飛行機を乗り継いで帰ってくるというスケジュールに変更して手続きを取ってもらうことにした。ウルツィさんとはその後もメールや電話でのやり取りが続き、その日のうちに帰りの「オハ→ユジノサハリンスク航空便がキャンセル待ち」以外は全てフィクスすることができた。万が一キャンセル待ちが取れない場合も想定し、３日遅れで帰国する便も仮押さえしてもらった。

8月12日（火）晴れ時々雨

＊稚内滞在

まだ風が強い。なぜか「本日天気晴朗なれども波高し」という日露戦争時の秋山真之の言葉が頭を巡る。今日も利尻・礼文に行く船は欠航。利尻・礼文に行く計画の人も気の毒で皆足止めを食らっている。ウルツィさんから連絡があり、計画が短縮したので１人１６２ドルの返金を現地でしたいが、ドルで受け取るかルーブルで受け取るか聞かれた。１人分をルーブルで受け取ることにし、増田さんと分けて使うことにした。これで現地で換金する必要はなくなった。

またウルツィさんからのメール連絡では、「ユジノサハリンスクでは、台風の影響による被害のため、8月12日から非常事態を宣言しています。住宅数十軒の屋根瓦が飛ばされたほか、約千本の木が倒れ、市内の一部で停電、断水が発生していますが、現在は元に戻りつつあるとのことでした。現地に確認したところ、コルサコフの被害は比較的少なく、北サハリンも台風が通過していないため、被害もないとのことでした。上記情報は、サハリンのロシア語のニュースサイト及び現地旅行会社、北海道サハリン事務所に確認していますのでご参考までに送らせていただきます」とのこと。今回の台風が予想以上に強力だったことが改めて確認できた。

また、この時点ではオハ→ユジノサハリンスクの航空券のキャンセル待ち状況は依然変わってない。この状態のまま出発しなければならない決断をこの日にした。いつもそうだが「なに、悩むことはない、何とかなるさ！」という心境だった。

8月13日（水）曇り時々晴れ

＊稚内（9：10）－コルサコフ着岸（16：50）－下船後バス乗車（18：40）－入国手続き（18：45）－コルサコフ（18：50）－ユジノサハリンスク（19：30／20：30発）→ノグリキへ（夜行列車）

結局、稚内の民宿には3泊もしてしまった。最初の2泊は夕食にカニが出たりして良かったが、3泊目は台風のため食材が手に入らないと宿の人が言っていた。しかし宿泊の延長を認めてもらい、最後まで美味しい食事を提供してくれた。とても待遇は良かった。この民宿は「さつき」という。

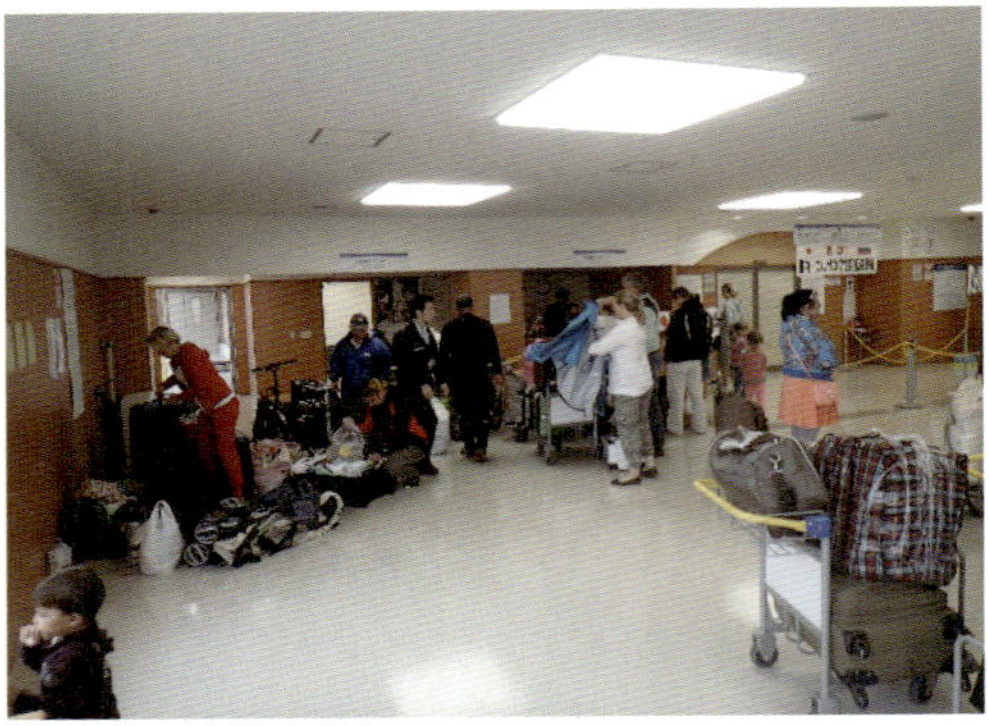

上：稚内港（出国ターミナル）
下：感動の 100 円ビール

朝食を済ますと「さつき」を早めに出て稚内港に向かった。船会社のＨＰで今日は出航することを確認していたし、宿にも連絡が入っていた。また利尻・礼文行きの船も今日は出航なので、ここの宿泊者たちも朝早くから出かけて行った。

港へ行き出国のターミナルに入ると、混雑していた。圧倒的にロシア人が多い。ロシア人は買い物も目的で来ている様子で、日本の電化製品などの荷物が多い。出国審査が終わり、乗船してカーペットが敷いてある雑魚寝の部屋に荷物を置き船内を歩くと、とても感動的なものを見つけた。自動販売機だが、１００円の缶ビール（サッポロ黒ラベル３５０㎖）と１５０円の水のＰＥＴボトルが並べて売られている。１００円ビールはロシア人たちに飛ぶように売れている。勿論私も見た瞬間、すぐに買った。カーペットの部屋など戻らず、外の景色のよく見えるところで飲み始めた。弁当も配られたが、１００円ビールが何よりうれしかった。

９時過ぎに船は無事出航し、やっと今回の旅が始まった。宗谷岬に繋がる辺りを眺めていると、やはり風車が目に付いた。さすがは風力発電の適地だけある。今後もっと増えるだろう。

気が付くと宗谷海峡に出ていた。宗谷岬は遥か後ろに見えるようになったが、電話はまだ日本モードで繋がる。波も高くなりかなり揺れるが、こちらは１００円ビールのお蔭で、船酔いになる前に酔っているので大丈夫だ。

しばらく行くとついに日本モードで電話も繋がらなくなり、アニワ湾に入ると波が静かになった。アニワ湾は大きく半島も長く突き出しているので、遠くに山々が見えるといった感じ。おそらく人はあまり行かないところだとすれば、この辺り（中知床岬）の探検も面白いのかもしれない。

コルサコフ入港は16：30の予定だったが、接岸は作業に手間取り17：00近くになった。接岸したらすぐに降りられるのかというとそうではなく、何十人かずつ降りてバスに乗って入国審査へ行くということが始まった。その動きがあまりにも時間がかかるので、18：00時過ぎた頃から不安を覚えるようになった。

上：宗谷岬を振り返る
下：アニワ湾に入る（中知床岬）

やっと船の外に出てバスを待っているとき、着岸のときに話をした日本人女性と再度話をすると、ユジノサハリンスク発20：30に乗るなら入国審査の順番を早めてもらうなどして急いだ方がよいとアドバイスしてくれた。コルサコフに出迎えに来ていた人から現地旅行会社経由で連絡が入ったのかウルツィさんからもメールが来たので、混雑していてなかなか下船できない旨を伝えていたが、電話がかかってきた。ウルツィさんにも入国手続きでは順番を早めてもらった方がよいと言われた。

そこでロシア語会話本を出して「急ぐ」という単語を探したが見当たらなかったので、先ほど話をした女性に「私は急いでます。ユジノサハリンスク発20：30」とロシア語で紙に書いてもらった（Извините，Я спешу.）。彼女には覚えてしまって話したらよいと言われ、その場でロシア語の発音を覚えた（ヤー　スピシーチ）。Извините（イズベニーチェ）を付けるとよいとも言われた。彼女の名は山林さんという。英語、ロシア語が使えるボランティアで、ユジノサハリンスク市に招待された福島県の小学生や、日本で優勝した手話の大会に出場予定の高校生のグループを引率していた。

バスがやっと来たのでお礼を言いバスに乗り込むと、残った人は皆同じバスに乗った。バスを降りる際、山林さんに「頑張ってください」と言われ別れると、入国審査の列の先頭に走り係りのロシア人に紙を見せながら「すみません、私は急いでいる」をロシア語で「Извините，Я спешу.（イズベニーチェ　ヤー　スピシーチ）」と言うと、紙に書かれたユジノサハリンスク20：30を見た係員はすぐに先頭に入れてくれた。入国審査自体は昔と違って簡単ですぐに外に出られた。助かった！　山林さん、ありがとう。

結局、18：50に迎えに来てくれたニコライさんと合流しユジノサハリンスクに向かうことができ、車の中でウルツィさんにメールで状況を連絡した。ユジノサハリンスク駅には発車時刻1時間前の19：30に到着。途中で乗り込んできた現地旅行会社の英語が話せるエレーナさんから列車のチケットと返金のドル、ルーブルを受け取った。PETボトルの水、チョコレート、サハリンの地図帳（私が持っているものと同じもの）ももらい、駅で乗るべき汽車を教えてもらった。そして何よりもうれしかったのは、「帰りのオハ→ユジノサハリンスクのキャンセル待ちの航空チケットが取れたので、オハのホテルにEメールで送られる」ということだった。運が向いてきた。

汽車に乗り込む前にウルツィさんから電話があった。ウルツィさんにも心配をかけていたので、サポートのお礼を言い汽車に乗り込んだ。簡易2段ベッドの客室で車内は空いており、4人部屋も我々以外誰も乗り込んでこなかった。

ユジノサハリンスク駅（夜行に乗り込む）

列車はゆっくり発車した。ユジノサハリンスクの台風の被害はよく分からなかった。列車も定刻通り動いている。今日一日を振り返ると、印象に残った点としては、ロシア人は優しいし並ぶ場面でも整然と並んでいるということである。これがもし中国だったら大変だ。私はこの10年間中国にばかり行っていたので、この点が特にうれしかった。

列車の乗り心地は、線路が悪いせいか意外に揺れが大きくよく眠れなかった。食堂車もなく、車内販売もなかった。但しコーヒー、茶は売りに来た。列車の利用率が下がっているのではないかと思った。いずれサハリンの汽車はなくなってしまうかもしれないと思った。

上：ノグリキ～オハ間の悪路
中：オハに入る（車も泥だらけ）
下：オハ中心部の広場（隣にレーニン像もある）

8月14日（木）曇り後晴れ

＊ノグリキ（8：02着／8：15）―オハ（12：20）

列車は予定通り8時頃到着。降りるとネームプレートを持った人が待っていた。私はロシア語で挨拶をし、会話本で覚えておいた「私はロシア語が話せません」をロシア語で言った。名前はイーガリさんという。オハに向け、日産の４ＷＤ車に乗りすぐに出発した。

出発して初めのうちは舗装道路もあり順調だったが、すぐに道が悪くなった。４ＷＤでないととても走れない田んぼのような道になる。ハンドルを相当取られている。この頃から電波の状況も悪くなり、ウルツィさんにメールを送ろうと思ったがメール送信もできなくなった。とにかく原始の北海道の原生林の中を進んでいるという感じ。

所要時間は5～8時間ということだが、順調に進んでおり早く着きそう。半ばを過ぎると風景も開け、東海岸のオホーツク海も見えてきた。いつしか道は舗装道路に変わり、オハまで5㎞という表示が見えた。天気も良くなり、オハに着いたときは晴れていた。

ホテルに着くと初めに出てきたフロントの女性はロシア語しか話せなかったが、後から英語を話せる女性が出てきた。この人のお蔭で助かった。

オハの博物館（先住民族の展示）

まず今回の旅では大活躍のスマホ充電のためのアダプターを貸してもらい、レストランの場所と博物館の場所を聞いた。すると何と親切なことかレストランに案内してくれて、食事が終わる時間を聞かれたので30分後と答えると、その時間に迎えに来てくれて、博物館に連れて行ってくれた。

レストランはバイキング形式で、ロシアビールを飲みながら適当に食べたが美味しかった。特にボルシチやペリメニ等を食べたわけではないが、肉料理が中心で久しぶりにロシアのパンを食べた。博物館は先住民族ニブヒ（ギリヤーク）に関するものや動植物に関するもの等が展示されていたが、その後も実際に先住民族らしき人を見かけることはなかった。案内をしてくれた親切なホテルの女性はハバロフスク生まれと言っていたが、名前は忘れてしまった。
夕方、街を歩いた。小さい町でホテルはほぼ中心地に位置していたので、どこでどんなものが売っているかはすぐに分かった。土産物はない。カニの缶詰も探したが見つからなかった。仕方がないのでウォッカを買って部屋に戻り飲んだ。

8月15日（金）曇り後晴れ
＊ホテル（8：20）─コレンド（8：50）─ポマー湾─西海岸（9：30─10：30）─林道到達最北地点：分岐から7㎞地点（11：30）─480m峰付近（12：15／13：30）─ポマー湾─オハ近くのオホーツク海岸（15：10／16：00）─日本人元兵士の墓地（16：10）─ホテル（16：30）

朝食の時間に戸惑ったが、8：00に朝食を摂り8：20に出発した。案内は昨日のイーガリさん。ガスがかかっている中、出発。少し走るとすぐに街並みはなくなり、砂埃の激しい何もない道に入る。地図上では比較的大きなコレンドという集落があるが、あっけなく着いてしまう。しかしここは誰も住んでいない廃墟。廃屋とコレンドと書かれた看板があるのみ。昔、サハリン北部には先住民族ニブヒ（ギリヤーク）の保護居住区があると聞いたことがあったが、今回通った場所では先住民族の集落は見当たらなかった。しかし「サハリン2プロジェクト」で天然ガス、石油開発を行っているサハリンエナジー社のHPを見ると「少数先住民族と共存共栄のため20以上の少数民族の集落とコミュニケーションを取っている」とあるので、先住民族の集落はどこかにあるのだろう。しかしコレンドには誰も住んでいない。しばらく北上したところでポマー湾の畔に出た。ポマー湾はサロマ湖のような感じで、むしろ湖と言った方がよい。浅い感じに見えたが、ガスっていて遠くは見えなかった。海の匂いがした。

さらに北上したところで西海岸に出るかと聞かれたので、行ってみることにした。左折し細い悪路を西海岸に向かった。海岸に出るのに15分くらいかかったであろうか。海岸に出ると漁師小屋があるが、誰もいない。しばらく海岸を北に走り川に鱒が上がってないか確認するが、見ることはできなかった。しかし海岸に羆の足跡は残っていた。この辺りは北すぎて大陸との距離はあるが天気が良かったら見えるのだろうか。間宮林蔵が到達したナニオーからは北東の方角でベイカル湾、ポマー湾の先の位置になる。

上：コレンド（廃墟となった集落）
下：西海岸（向こうには大陸が…）

また来た道を戻り、広い道に戻り北上を続けた。また後で分かったことだが、この道が広くてトラックがよく通る理由は、先に採石場があるためだった。この広くスピードの出せる道をさらに北上すると、やがて東へ方向を変えるところで北へ行く細い道との分岐に出た。ここでまずはできるだけ細い道を北上

上：ピルボ川まで到達できず（水深測定）
中：バタレイナヤ川に遡上した鱒
下：トリブラータ山近くに侵入（イーガリさんと）

してみることにした。但しイーガリさんによると、どんなに進んでもピルボ川までしか行けないらしい。

北上する道に入ると、まず轍が深くなりすぎていると言ったらよいか分からないが、深い溝が縦に走っているところを溝にはまらないように進む。大きな水溜りも越えていく。沢も渡った。地図で確認するとバタレイナヤ川らしい。沢を越えても道は悪く、深い水溜りが出てくる。いつの間にかガスは晴れたが、展望はない。羆が出そうな原生林の中を進んでいる。さらに進むと沼のようになっている水溜りが出てきて、日産サファリを乗りこなしているイーガリさんも慎重になる。靴を脱いで水溜りに入り、水深や底の状況を確かめながら進む。イーガリさんはズボンを脱ぎ、パンツ姿になって車の運転をした。水溜りに入って水深を測る作業を繰り返しながら進んだが、分岐から7㎞入ったところでやばそうな水溜りに突き当たった。またイーガリさんが水溜りに入り水深を測ったり通れそうなルートを探したが、ここで「ダメサイン」が出された。むろん我々には異論はない。ここまでやってくれているイーガリさんには感謝しかない。よくここまで連れてきてくれたと思う。

分岐まで戻る途中、沢（バタレイナヤ川）を渡るところで、よく見ると鱒が遡上していた。4〜5匹泳いでいる。産卵しそうな感じだった。

分岐に戻ると、今度は東へ進んだ。道は広くトラックも通っている。やがて採石場に出たが、道は山の方へ向かっていた。この辺りではトリブラータ山というのが最高峰（623m）。その近くまで道は続いていた。終点まで行くとハイマツ帯の山で、とても景色が良い。最北端のエリザベティ岬は見えないが、西のマリー岬の方がよく見えた。目の前の山はトリブラータ山の隣のピークだが、そのピークから続く尾根上の小さなピークまで登ってみることにした。ハイマツの中を登ったので松脂が手に付いた。知床を思い出す。どうも知床のハイマツの山に似ている。ピークに出て標高を測ると、530m。下山後ホテルで高度を測ると、80m。おそらく450〜500m程度のピークに立ったものと思われる。とりあえずここを480m峰とした。

今回はチェーホフ山登山は中止となったが、一応小さなピークだが北部の知床に似たハイマツ帯のピークに立つことができた。悪い気分ではない。標高は低いがこの辺りの山は立派に見える。眼下には原生林や原野が広大に広がっており、遠くにはマリー岬が見える。さらに西に目を凝らすと海の向こうに陸地のようなものが見え、思わず大陸か?と思ってしまうが大陸までは距離がありすぎる。

車を停めた場所に戻り、昼食。ホテルに用意してもらったランチパックを開けると、鮭の唐揚げとライスが入っていて、さらにパン、ミニトマト、リンゴ、みかんジュース、チョコレートが入っていた。勿論全て食べることはできない。しかし鮭は旨かった。それにコケモモが群生していて、コケモモも美味しかった。

帰りにポマー湾に寄った。朝と違い晴れているので、遠くも見えた。奥に大陸の一部が見えているのかとも思ったが、冷静に地図を見ると奥のタチャニー岬辺り或いはその先のナニオー に近い岬の辺りが見えているようだった。やはり間宮林蔵に思いを馳せてしまう。ものすごい探検家と言わざるを得ない。間宮海峡は、タタール海峡と同様に日本海からオホーツク海までの広い範囲使われることが多いので、それに準じれば今見えている奥の海と午前中に寄った西海岸で目前に見た海は間宮海峡と言えるかもし

上：480m 峰（知床に似た尾根）
中：480m 峰からマリー岬を望む
下：480m 峰から西方を望む（採石場も見える）

れないが、地図を冷静に見ると間宮林蔵が到達したナニオー以南が間宮海峡という気もする。また最狭部のネヴェリスコイ海峡を間宮海峡と呼ぶ場合もあるようだが、間宮林蔵がニブヒ（ギリヤーク）が清国（デレン）に貢物を持っていくのに同行して渡った最狭部は、ここからは遥か南方になる。今ではこの最狭部を天然ガスパイプラインが通っているという。

オハ近くまで戻ったところで、東海岸（オホーツク海岸）に寄る。とても綺麗な海岸で、オハの人たちが日光浴をしている。泳いでいる人もいた。北を見ると先ほどいた山間部が見える。標高は低いが大きく見える。

オハに戻る途中、墓地に寄った。初めイーガリさんが言っている意味がよく分からなかったが、行っ

上：大陸方面を望むと原野の向こうに海が見える
中：晴れたポマー湾
下：ポマー湾（左奥はタチャニー岬付近か）

上：オホーツク海岸（奥はトリブラータ山）
下：元日本兵士の墓碑銘

てみると元日本兵で抑留された人たちの墓標があった。シベリアはよく聞くが、こんなところでも苦労していた日本人がいるのかと思い愕然とした。手を合わせて墓地を後にした。

ホテルに戻ると英語が話せる女性が出てきて「夕食は何時にするつもりか?」と聞かれたので「19：00」と答えた。一緒に食事をしたいという意味かと思ったが、それは違った。19：00になってフロントに行ってみると外国人グループがいて「英語話せますか?」と聞かれたので「はい」と答えると、「夕食の準備をしたので食べてください」と言われ食堂に案内された。我々は事態が呑み込めないまま、準備されていたサラダとチキンを食べた。彼らも食事していたが、話しかけてくることはない。そこでこちらから話しかけてみると、彼らは「サハリン2プロジェクト」に関わっているサハリン・エナジー社（SE社）の人たちで、このホテルの宿泊者全員に夕食を提供したということだった。SE社を調べてみるとガスプロム(50%)、ロイヤルダッチシェル（27・5%）、三井物産（12・5%）、三菱商事（10%）の出資だが、日本人はいなかった。

逆に「あなたたちはどこから来たのか?」と聞かれたので、「日本人旅行者」とのみ答えた。もう何年も前の話だが、「サハリン2プロジェクト」に関わっているプラントメーカーで自分が開発したFRP材料が採用になりそうになったことがあったので、「サハリン2プロジェクト」にはこれからもビジネスチャンスがあるのかもしれないとの思いが頭をよぎった。帰国したら再度調べてみよう。

なぜ宿泊者の夕食を提供したのか細かい理由まで聞かなかったが、この程度のことは会社の経費で処理しているとすれば大した金額ではないだろう。考えすぎかもしれないが、夕方散歩をしているとき結婚式があったらしく、その関係者がレストランに入っていくのを見た。歩いて観察してみた限り、ここは食事のできるところが少なく、カフェーは見かけたがおそらくレストランは一軒しかない。今夜はそのレストランが使えないためSE社がホテルに夕食を頼んで、そのついでに他の宿泊者の分も提供されたというのは、やはり考えすぎであろうか。

8月16日（土）曇り後晴れ

＊ホテル（11：50）―オハ空港（12：15／13：10）―ユジノサハリンスク（15：20／18：30）―新千歳空港（17：15）―札幌（18：30／22：00発 急行はまなす）↓翌日AM帰宅

朝、時間があるので長時間に渡って散歩をした。やはりオハは小さい町だが、車の運転マナーも良いしとても印象の良い町だった。

イーガリさんが子供を連れて12時前に迎えに来てくれた。時間前に来てくれるし、まじめで信用できる人だった。空港でお礼に50ルーブル渡したが、なかなか受け取ってくれなかった。やはり個人対個人であればロシア人は親切という印象。最後にがっちり握手してお礼を言って別れた。

オハからユジノサハリンスクまでの飛行機は50人乗りくらいのプロペラ機。天気が良かったので、サハリンの大きく蛇行している川がよく見えた。サハリンは広い。

ユジノサハリンスク空港では、余ったルーブルで買い物をして札幌行きの便に乗り換えた。札幌までの飛行時間は1時間もかからない。あっという間に帰国となった。

この夏のイベントはこうして終わった。札幌で夜行待ちの時間にウルツィさんにお礼のメールを送ると、すぐに返事が返ってきた。

最後にお世話になった全ての人に「Спасибо《スパシーバ》」（ありがとう）と言いたい。

サハリン最北部到達地点

西海岸到達地点とポマー湾到達地点

ポマー湾到達地点から大陸方面を望む

マリー岬方面を望む（480m 峰）

サハリン最北部到達地点

あとがき

サハリン行きの再開はサハリン北部から始めたが、この頃はまだ知床岬のことなど考えてなかった。間宮林蔵や松浦武四郎などの探検家の影を追っていた。特に北部へ行ったときは間宮林蔵のことを考えていた。北部の険しさは想像を超えたもので、間宮林蔵のサハリンの探検の大変さが実感できた。

またその当時は考えなかったが、今思えば現在も北部に残る先住民族のニブヒの先祖と考えられているオホーツク人の世界がサハリン北部である。このオホーツク人の遺伝子がアイヌに残っていると考えると、サハリン北部も実は繋がっている。

西能登呂岬に行ったときは、幕末の探検家の松浦武四郎のことばかり考えていた。しかし、この頃から日本時代の南部の地図を眺める中で知床岬が2つあることが気になりだした。そして北知床岬に行ったわけだが、その直前に知床岬へ行き知床岬の意味を考え始めた。この頃は「知床とは地の果てではなく入り口」という説を支持していたが、その後縄文時代のことから考え続け、どうも違うのではないかと思いながら中知床岬へ行った。中知床岬を見て、ここだけは入り口でも出口でもないと思った。3つともそうだが、西側にあるノトロの方が住みやすいところに思えた。そして山田秀三の説の「聖地」という言葉を思い出してみると、シレトコは聖地という意味がぴったりしていると思えた。

どうも和人、アイヌ人の祖先である縄文人の信仰や言葉がキーポイントになるような気がしている。この考えは梅原猛が1994年に出版した『日本の深層』の中で展開している。梅原は、日本の東北地方を中心に縄文・蝦夷文化を探るということで、アイヌの祖先は縄文人であることを論じている。これは柳田国男にも反するもので、この当時はまだ新しいものであったかもしれないが、現在はアイヌは縄文を引き継ぐものであることが認識されていると思う。瀬川拓郎の２０１６年出版の『アイヌと縄文』でも、アイヌこそが縄文人の正統な末裔ということでアイヌと縄文の関係が論じられている。

私は、現時点ではシレトコ＝聖地というのを結論としているが、今後縄文人の視点での考察が進められれば、その結論は変わる可能性があると考えている。

原稿を書き上げた後、旭川博物館に行く機会を得た。執筆中には何となくしっくりしないことがあった。それは中国の文献『元史』によるとサハリンアイヌがニブヒを攻撃しており、ニブヒが元に救援を求めていてサハリンにも元の攻撃があったというのは、和人から騙されまくっているアイヌのイメージからすると、そんなにアイヌは強かったのかという印象だった。

その話の詳細が旭川博物館で明らかになった。次の通りである。

・モンゴル帝国（元）は、13世紀半ばにはアムール川下流域まで勢力を伸ばし、その影響力はサハリンにまで及んでいた。

・そのような中、１２６４年、元に服属していたサハリン先住民のギレミ（ニブヒ）からクイ（アイヌ）が毎年宗谷海峡を渡って自分たちの領域を侵すとの訴えを起こす。

・元は兵１万人、船１千艘を派遣してアイヌの侵入を排除した。しかしアイヌはサハリンに入るだけでなく大陸に渡って村々を襲い、略奪を行って元軍の手を焼かせていたが、１３０８年に毎年毛皮を貢納することを約束して元に降伏。
・次の明の時代になってからもアムール川下流のヌルガン（現ティル村）の永寧寺の碑文に明朝に朝貢するアイヌの記録が残っている。

アイヌが大陸にまで遠征していた期間は10年に及ぶという。北海道からサハリンや千島列島（カムチャツカ半島まで達している）に進出していったアイヌは、北海道に残ったアイヌと気性がかなり違うのかもしれないと思ってしまうぐらいである。金沢の博物館で見た記録では、阿倍比羅夫の大艦隊が王権の命令で日本海を北上し北海道へ行き、地元のアイヌから助けを求められ、奥尻島を根拠とするオホーツク人を討ったとある。この北海道のアイヌはあまり戦闘的ではないように見える。

一口にアイヌと言っても、いくつかのグループがあったことは文献にも記されているが、地域性があり全て同じではないものと思われる。もしかしたら知床への思いも地域で異なる部分もあるのかもしれないが、基本は変わらないものがあるはずと思いたい。

■著者プロフィール

大谷　和男（おおたにかずお）

1960 年、広島市に生まれる。

主に関東地方に育ち、大学時代に北海道特に知床に魅せられ、社会人となり、関東地方から北海道の山を目指す登山を開始する。

ライフワークは知床から千島列島、カムチャツカ半島。埼玉県深谷山岳会所属。

仕事は化学会社（昭和電工）の技術者。2005 年 1 月～ 2008 年 4 月まで上海に赴任。上海滞在中に中国を知る。

著書に『千島列島の山を目指して』『上海駐在員が歩いた中国』『続・上海駐在員が歩いた中国』がある。

3つの知床岬とサハリン

2019 年 6 月 27 日　第 1 刷発行

著　者　大谷和男
発行人　大杉　剛
発行所　株式会社 風詠社
〒 553-0001　大阪市福島区海老江 5-2-2
大拓ビル 5 - 7 階
TEL 06（6136）8657　http://fueisha.com/
発売元　株式会社 星雲社
〒 112-0005　東京都文京区水道 1-3-30
TEL 03（3868）3275
印刷・製本　シナノ印刷株式会社

ISBN978-4-434-26049-0 C0095